学級経営サポートBOOKS

新任**3**年目までに
必ず身に付けたい！

子どもの心を グッ とつかむ 言葉のワザ 55

西野 宏明 著

怖くしても厳しくしても
伝わらなかった教師が
子どもの信頼を勝ち取った秘密

明治図書

JN041587

はじめに

　本書は「言葉」に特化しました。

　日本で小学校教員をしていた頃，心理学，コーチング，話し方講座に通い，話すことに関して学びました。また，学校では先生方の実践を盗み，サークルでは仲間の実践から教わり，応用できそうな学びを自分の学級で試行錯誤していました。

　これらの経験から培ってきたものを本書では，わかりやすく言語化し，一般化できるよう努めました。

　本書の特徴について簡単に説明します。

　まず，「言葉」「話すこと」について考えるうえで大事なことが４つあります。

　①話す内容。メッセージの中身

　②伝え方。テクニック

　③タイミング

　④聴く力

①話す内容。メッセージの中身

　「教えたい！」「伝えたい！」「届けたい！」という「話すぞ」という思いや気持ちを言語化したものです。

②伝え方。テクニック

　①をよりよく伝えるための武器です。相手に伝えるための大きな補助となるものです。

③タイミング

　同じ言葉でも，受け止める側の構えや状態，時期に大きく左右されます。気合を入れた言葉が全く響かないことがあったり，何気なく発した言葉が強く心に響いたりするものです。

④聴く力

　相手の思考を活性化させる問いや，相手の心をつかみ信頼関係を築くためのコミュニケーションスキルがここに入ります。

　本書では，主に②と④を中心に記しました。

　なぜかというと，①話す内容は人それぞれ違うからです。伝える内容は本や人から教わることではなく，自分でつくっていくものです。状況や相手によって伝える内容は異なってきます。

　③タイミングは感覚だからです。観察眼と洞察力を鍛えていく必要があります。

　②伝えるテクニックと④聴く力に関しては，一般化して伝達できるものなので，できるだけわかりやすく具体的に記しました。

　本書が「言葉」をどう使うか，「話すこと」について悩んでおられる多くの先生方にとってお役に立てれば幸いです。本書においても，編集の木村悠さんには大変お世話になりました。末筆ながら感謝を申し上げます。

2020年11月　南米パラグアイからの帰途において

西野　宏明

もくじ

子どもが授業に熱中する言葉のワザ

子どもの行動が変わる言葉のワザ

子どもが思考したくなる言葉のワザ

子どもが笑顔になる言葉のワザ

子どもの心に届く言葉のワザ

先生が元気になる言葉のワザ

保護者が味方になる言葉のワザ

1章

教師の言葉磨きが子どもの成長につながる

先生と言葉の関係

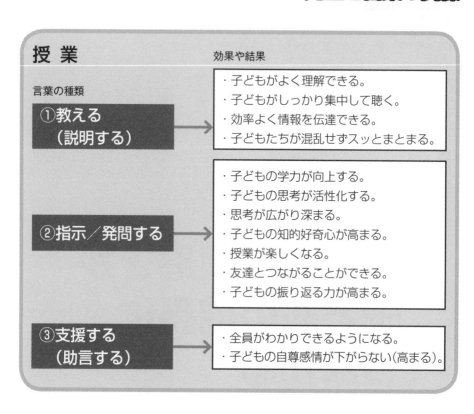

授業

言葉の種類

効果や結果

①教える（説明する）
→
・子どもがよく理解できる。
・子どもがしっかり集中して聴く。
・効率よく情報を伝達できる。
・子どもたちが混乱せずスッとまとまる。

②指示／発問する
→
・子どもの学力が向上する。
・子どもの思考が活性化する。
・思考が広がり深まる。
・子どもの知的好奇心が高まる。
・授業が楽しくなる。
・友達とつながることができる。
・子どもの振り返る力が高まる。

③支援する（助言する）
→
・全員がわかりできるようになる。
・子どもの自尊感情が下がらない(高まる)。

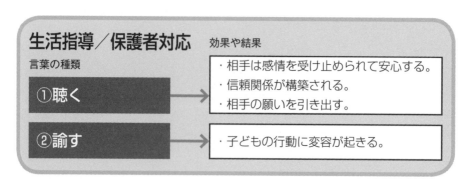

生活指導／保護者対応

言葉の種類

効果や結果

①聴く
→
・相手は感情を受け止められて安心する。
・信頼関係が構築される。
・相手の願いを引き出す。

②諭す
→
・子どもの行動に変容が起きる。

フローチャート

教育活動全般

効果や結果

言葉の種類

| ①話す／伝える | → | ・子どもがしっかり集中して聴く。
・効率よく情報を伝達できる。
・子どもたちが混乱せずスッとまとまる。 |

| ②叱る／注意する | → | ・子どもの行動が変容する。
・善悪の判断がつく。 |

| ③ほめる | → | ・自尊感情が高まる。
・よさが伸びる。 |

| ④励ます | → | ・元気と勇気とやる気が生まれる。 |

| ⑤問いかける | → | ・思考が活性化する。
・自主的に考え行動するようになる。
・ワクワクする。 |

| ⑥伝わりやすい
環境づくり | → | ・聴くときのルールをつくることで安心して聴くことができる。
・刺激を減らすことで集中して聴くことができる。 |

| ⑦内言 | → | ・先生の思い込みを疑うことで，プラスのオーラが出てくる。
・メンタルが整う。
・教師としての成長につながる。 |

前頁の図（フローチャート）は，先生と言葉の関係をまとめたものです。先生が学校（教室だけではなく職員室，保護者対応を含め）の中で扱う言葉に関してまとめたものです。

　左の四角が先生の言葉の種類です。

　右の四角が先生の言葉によってもたらされる効果や結果です。

　先生が言葉についての理解を深め，言葉を扱う技術が向上し，言葉を扱う自分自身を磨き続けることによって，右の四角の効果や結果が増えたり，高まったりします。

　本書ではすべてを網羅しているわけではありませんが，先生の日々の言葉に対してプラスに働くはずです。

　本書では，言葉に関する教育技術（ワザ）を8つに分類しています。それぞれの特徴を簡単に紹介していきます。

■ 子どもが話を聴く基礎・基本の言葉のワザ

　子どもに話を聴かせる技術はとても大事です。

　アクティブ・ラーニングでも，協働学習でも，学び合いでも，先生の説明が上手なことにこしたことはありません。それ以上に，教科外指導では，子どもに聴かせるという指導が大事になってきます。大切な情報を教師から子どもに伝達するというのは日常的に不可欠だからです。

　学校での授業，朝の会，休み時間，給食指導などあらゆる教育活動は時間が決められています。せっかく限られた時間を使うのですから，できるだけ効率よくもれなく全員に伝えられる方法をマスターしたいものです。

　まず，本書の冒頭（p.16～17）にある「セルフチェック」をして，ご自身の話し方を振り返ってみてください。

　次にプロの話し方テクニックを10個紹介していますのでよく読んでください（p.18～21）。そして，10個のテクニックの中から，自分の弱点，あるいはさらに伸ばしたい点を2つ選び，丸をして日付を書き込んでください。放課後，毎日チェックして，できていたら次のテクニックに進みます。そうす

ると，およそ2か月ですべてのテクニックがマスターできるはずです。一流の先生，「この先生すごい」という先生は，例外なくできています。若手の先生の場合は，10個習得できれば，教師として一つ上のレベルに達したことを，自他ともに実感できるはずです。

　伝わりやすい言葉のワザは，子どもを成長させ，子どもからの信頼を勝ち得ることができます。明確な指示によって混乱が減り，子どもはパフォーマンスを思い切り発揮できるからです。先生の授業や話し方に心地よさを感じるようになるのです。

② 子どもが授業に熱中する言葉のワザ

　ここでは，学習のしつけ，学習規律を楽しく身に付ける方法について書きました。また授業の導入で一気に巻き込むワザに関しても記しました。

　国語，算数，社会，体育の実践では，授業において子ども同士をつなぐ「言葉」のワザも紹介しています。

③ 子どもの行動が変わる言葉のワザ

　子どもの行動が変わるときは，子ども自身の中で気付きがあったり，納得したり，ウキウキしたりすることで意識が変化するときです。それを促すのが問いかけ，評価，ユーモアなどちょっとした言葉の工夫なのです。

④ 子どもが思考したくなる言葉のワザ

　子どもが思考するには，ずばり「問いかけ」が大事です。
　問いによって子どもは考えを広げ深めるようになるからです。
　いろいろな実践を紹介しています。

⑤ 子どもが笑顔になる言葉のワザ

　子どもの自尊感情を高めるために，どのような「言葉」が大事かまとめました。大人でも子どもでも，ほめられると自尊感情が高まります。

6 子どもの心に届く言葉のワザ

　ここでは主に教師としてのマインドについて書きました。

　言葉のワザの本にもかかわらず，矛盾しているようですが「言葉だけでは限界がある」ということです。

　その最もわかりやすい例が，96頁の「体験の共有＋言葉」でやんちゃくんの心に届くという実践です。言葉だけではなぜダメなのか，それがよくわかるはずです。

　次に，先生あるあるの「思い込み」です。そこから脱却する言葉が「本当にそうかな？」です。おしゃべりしている子たちの事例を紹介しました。授業中の私語は，思わず注意をしたくなってしまうものですが，その子たちは本当に授業と関係ないことを話しているのか，それを自分に疑う視点をもつことの大切さを書きました。

7 先生が元気になる言葉のワザ

　先生のメンタル管理を中心に書きました。子どものためには先生がいきいきしていることが大切です。そのためには，身体的にも，精神的にも無理せず休むときは休む，完璧主義になりすぎないということを書きました。

　また同僚とどのようにコミュニケーションをとるか，教師力を高めるにはどうすればいいのか，ということを具体的に記しました。

8 保護者が味方になる言葉のワザ

　最近，保護者への対応で困っている先生が多いという話をよく耳にしますので，保護者とどのようによりよいコミュニケーションをとるか，そのことを中心に記しました。

　保護者の信頼をつかむワザ，相手が話しやすいコミュニケーションのとり方，相手の要望を受け入れながら自分も言うべきことをきちっと伝えるというワザについていくつか取り上げました。

2章

子どもの心をグッとつかむ言葉のワザ 55

うまく話を聴かせる先生と聴かせられない先生「傾向セルフチェック」

> うまく話を聴かせる先生には共通の特徴があります。自分がどちらの特徴が多いのか確認してみましょう。

子どもに話を聴かせられる先生と聴かせられない先生

初任者の頃，私が学年を組んだ先生は，子どもに話を聴かせるプロでした。どんな場面でも，先生の話を子どもたちはしっかりと聴きます。

それが1対1でも，10対1でも，100対1でも，500対1でもです。

先生はタイプ的にいうと，「怖い」「厳しい」方の部類に入る先生でした。

では，子どもたちが話を聴くのは，先生が「怖い」「厳しい」タイプの先生だったからでしょうか。

私は数週間にわたって観察し研究してみました。

すると先生のタイプにかかわらず，話し方の基本を押さえていれば，怖かろうと怖くなかろうと関係なく話を聴かせられることがわかりました。

話をうまく聴かせられる先生の特徴と同時に，話を聴かせられない先生の特徴も調べました。

すると，次のような傾向があることがわかりました。

話をうまく聴かせられる先生の特徴

- □ 視線を聴き手に向ける
- □ 一人称で指示
- □ 端的な指示
- □ 数字を入れて見通しをもたせる
- □ 抑揚がある
- □ 静まるまで話し始めない。ちょっと待つ
- □ 聴く姿勢を整えさせる

話を聴かせる先生と聴かせられない先生はどこが違うのでしょうか

□ 質問は最後
□ 最後に聴き方をきちっと評価する

■ 話をうまく聴かせられない先生の特徴

□ 視線が下や宙を向く
□ 無駄な言葉が多い
□ 抑揚がない
□ 静かになっていないのに，話し始める
□ 質問を途中で受け付ける
□ 話が長い

次頁からくわしく解説していきます。

ここが
ポイント！

□ 話し方の基本を押さえていれば，どんな場面でも何人が相手で
も子どもは話を聴く

2 子どもに話を聴かせる「プロの話し方テクニック」1

やさしい先生でも厳しい先生でも，どんなタイプの先生でも，話し方の基本を押さえていれば子どもたちに話を聴かせるプロになれます。

1 視線を聴き手に向ける

口に発する前にいったん立ち止まって，次のことを意識するようにします。

視線はNかZの形に動かします。一人ずつ２秒程度，視線をおくと「見られている」と聴き手は感じます。視線が宙を浮いたり，下に行ったりすると，聴き手に緊張感が生まれず「聴かなくてもいいや」という雰囲気になってしまいます。

2 一人称で指示

指示の際は，「○○してください」ではなく，一人称で伝えます。

「静かに聴いてください」→「静かに聴きます」

「並んでください」→「並びます」

「書きましょう」→「書きます」

発達の課題をもった子どもにとっては，この方がスッと入ります。

「自分事」として脳にダイレクトに指示が届くからです。

3 端的な指示

「え～」「あの」「じゃあ」「はい，では～」「それと～」などの無駄な言葉を削ります。子どもの注意力が散漫になります。大事な言葉だけを伝えるようにします。

なるべく句点を多くし，一文を短く区切って話すと大変聴きやすくなります。ダラダラと長い文を一度に話さないということです。

一人称で伝える方が,「自分事」として指示が届きます

4　数字を入れて見通しをもたせる

　「3つ話します。1つずつ指を折って聴きます。1つめは～」と数字を入れることにより「3つあるんだな」と見通しがもてます。また指を折るなど,少し動作化することで,しっかり聴けるようになります。

　最後に確認します。「○○さん,先生は1つめに何を話しましたか。説明してください」このように確認することでしっかりと聴けるようになります。

5　抑揚がある

　単調だと聴いている方がしんどくなります。抑揚,緩急をつけると,低学年の子どもたちは特に反応します。

　ず～っと同じ調子で話すのではなく,間をあけたり,大事なところだけささやくような声で話したりすると子どもがグッと身を乗り出して聴きます。

ここが
ポイント！

☐　端的な指示を常に意識する
☐　数字を入れて見通しをもたせる

基礎・基本

授業

行動

思考

笑顔

心に届く

先生

保護者

3 子どもに話を聴かせる 「プロの話し方テクニック」2

1対1でも10対1でも100対1でも500対1でも，話し方の基本は同じ。今回は後半の5つのテクニックをご紹介します。

■ 6 静まるまで話し始めない。ちょっと待つ

実はこれがとても大事です。

静かになっていないうちに話すと，子どもの声につられて，先生の声もどんどん大きくなりのどを痛めます。それでいて，声は子どもに届きません。多くの子に聞こえません。そのため，子どもが騒がしいときは無言で待ちます。ちょっと待つだけで，スッと静かになります。それから話し始める習慣をもちましょう。だから前節**1**で述べたように，聴き手である子どもの様子，顔をよく見ることが大切なのです。

■ 7 聴く姿勢を整えさせる

「1分間以内で終わる話です。ただ，とても大事なことです。背筋をスッと伸ばし，手を置いて静かに聴きます」

このように言ってから話を始めます。

手を置かせること，目と身体の向きをこちら側に向けさせることはとても大事なことです。全員にしっかりと指示を伝えることが必要です。

■ 8 質問は最後

「質問は最後に受けます」とはじめに伝えます。

途中で受けて，一人ずつ答えていくと時間がどんどんなくなっていきますし，最後まで聴いていれば，途中で質問しなくてもすむことがほとんどです。

一人一人対応していると，最終的には先生が「質問は最後！」と怒る羽目になってしまいます。

騒がしいときは無言で待ちましょう

9　最後に聴き方をきちっと評価する

　聴き方がどうだったか，しっかりと評価しましょう。

　先生は子どもたちに話を聴くように要求したわけです。それに応えてくれた子どもたちに対し，御礼と評価は必ず忘れないようにしたいものです。できるだけ，ほめて終わるようにします。

10　人前で話す自信がない先生が話し方を磨く方法

①校内で尊敬できる先生を見つけて真似る。

② YouTube などで素敵なプレゼンを繰り返し観る。

③①，②のイメージを刻み込んで，毎週2つのワザに絞って練習する。

④その週に合格したら次のワザに移り，合格しなかったら翌週も練習する。

ここがポイント！
□ 静まるまで話し始めずにちょっと待つ
□ 聴く姿勢を整えさせる

4 よい姿勢，机上の整頓が身に付く 「魔法の合言葉」

授業全般

授業

> 子どもたちは合言葉が大好き。低学年のしつけ指導は，長々言葉で説明せずに，スパッと気持ちよく行いましょう。

■ よい姿勢の合言葉「グー，ピタ，ピン！」

「今からよい姿勢になりますよ。よい姿勢の方がお勉強に集中できて，頭がよくなります。背筋を伸ばしてごらん。足を床にしっかりとつけます。机とお腹の間は少しだけ空けます。背中は椅子にもたれかかりません」

子どもたちはキョロキョロ。落ち着きません。何がゴールかわかっていない様子です。そんなときは，

先生「おなかは」　子どもたち「グー」

先生「足は」　　　子どもたち「ピタ」

先生「背中は」　　子どもたち「ピン！」

これを毎日練習します。「おなかはグー」は，お腹と机，背中と椅子の間に，グー1つ分空けるという意味です。先生が子どもたちの前でやってみせてゴール像を共有することが大事です。

慣れてくると，子どもたちは先生と一緒に全部言えるようになります。

■ 机上の整頓の合言葉「机の上は，サラサラ〜，サラサラ〜」

机の上に，筆箱，前の時間のノート，下敷きが広がっています。

先生が黒板の前で話しています。

しかしある子は目の前の筆箱のキャラクターに夢中です。隣の子は，左手に鉛筆，右手に消しゴムを持ち「バシッ，ビシビシッ，バンバンバンッ，ヒューッ」と戦いワールドに入っています。その前の子は鼻をほじってノートにスリスリなすりつけています。そんなときは，

先生「机の上は」　子どもたち「サラサラ〜，サラサラ〜」

子どもたちは先生と合言葉を言い合うのが大好きです

　机の上は基本的に何も置きません。何も出させません。集中させるためです。授業終わり，授業開始時，毎回確認します。

　「サラサラ〜」と言いながら，机の上を両手で川が流れているようにサラサラ〜ッと動かします。そうやって，机の上には何もないよ，ということを示します。

ポイントは「スピード」と「確認，評価」

　低学年のしつけ指導は，言葉で長く説明されるよりも，掛け合いの合言葉で一つの動きをスパッと決めた方がわかりやすくスッキリします。子どもたちは先生と合言葉を言い合うのが大好きです。

　コツはだんだんスピードアップすること。ゆっくりやりません。最初にやり方を教えた後は，速くやればやるほど，子どもたちは盛り上がります。ゆっくりやるとダレます。

　ただし鉛筆の持ち方と正しい消しゴムの使い方（p.24）だけは，丁寧にやった方がいいです。持ち方，押さえ方を毎回丁寧に確認するためです。

　毎回忘れずに評価しましょう。確認，評価するから定着していくのです。

□ 明るく楽しく，テンポよく行う

5 鉛筆の持ち方，正しい書き方，正しい姿勢が身に付く「魔法の合言葉」

書くことは基本中の基本。これも合言葉で一気に定着させましょう。指導のあとの確認と評価も忘れずに。

鉛筆の持ち方の合言葉「パクパクパクパク　クルリンパ」

「今から鉛筆の持ち方を教えます。1の指（親指）と2の指（人差し指）で輪を作ります。その間に鉛筆を置きます。やってごらん。そうしたら，3の指（中指）を添えてできあがりです」

子どもたちはよくわかっていません。できているような，できていないような，これまたキョロキョロします。

「先生，これでいいの〜？」「先生，できました〜！」

持ち方はバラバラです。

「指でOKを作ってごらん。こういうふうに」

OKの穴からのぞきます。子どもたちは真似します。

鉛筆を持つ手ではない，反対の手に鉛筆を持たせます。右利きの場合は左手に鉛筆を持ち，右手はOKです。

次に，「パクパクパクパク」と言いながら，鉛筆の芯を食べるように右手を芯に近づけていき鉛筆を持ちます。このときは親指と人差し指の2本で挟んだ状態です。次に「クルリンパ」と言って鉛筆を返します。

「最後に3つの指を添えましょう」と言って3本の指で持たせます。

2，3日たったら，次のことも教えます。鉛筆の先端を持つとうまく書けないので，指1本分空けさせます。だから「指1本」と言います。

「天使の輪」，これは『1年生にする「学力がつく勉強の仕方」指導』（向山洋一・板倉弘幸編／TOSS石黒塾著）という本に書いてあったものです。親指と人差し指で作る輪のことです（前の例だとOKの形）。

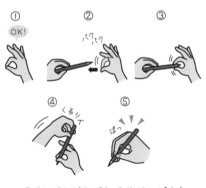

「パクパクパクパク クルリンパ！」

「目と手は……」「30cm！」

基礎・基本

授業

行動

思考

笑顔

心に届く

先生

保護者

正しい書き方，正しい消しゴムの使い方の合言葉「紙はグッと押さえます」

「ちゃんと消してごらん」「線がちゃんとかけるように，しっかりとかきなさい」。これができずに困っています。具体的に教えましょう。

「紙はグッと押さえましょう」。書くとき，消すときの習慣付けです。子どもたちは紙を押さえないと，紙が動いてしまうことに気付いていません。

紙を強く押さえないと，うまく消せません。消し方が悪いのではなく，反対の手で紙を押さえる力が弱いだけです。そこをしっかりと教えます。

正しい姿勢を維持して書く「目と手は」「30cm」

書いていて猫背になる子。だんだんと右肩が上がり，左肩が下がってくる子。顔と机の距離が近い子。目にも悪く，肩こり，頭痛も引き起こします。

先生「目と手は」　子どもたち「30cm」

猫背防止のため，机と目は30cm以上離す必要があることを伝えます。そのために両手をパーに開き，目と机の間に置きます。パーの小指から親指まで15cmあるので，両手で30cmになります。

□ 毎回必ず評価して定着させていく

6 書くスピードのクラスルールをつくる 「ブレーンストーミング」 授業全般

時と場合に応じた書くスピードを身に付けたい！　みんなで意見を出し合って決めることで，速度と丁寧さのバランスが身に付きます。

■ 書くスピードがとにかく遅い……

　ある年度の子どもたちを受け持っていたときです。前の担任の先生から持ち上がったクラスです。

　どんな場面でも全員の書くスピードが遅いのです。理由を聞くと，前の先生から「字は丁寧に書きなさい」と指導されたからだそうです。

　とても素晴らしいことです。しかし，メモを取るときも，下書きするときも，時間がかかってしまうのはあまりよくないことです。

　そこで子どもたちと話し合いました。

　「みんなはとても字が丁寧で素晴らしい。それは前の○○先生のご指導のおかげですね。ただ先生はみなさんに聞きたい。どんな場合でも，同じ速度で，丁寧に書いた方がいいかな？」

　「場合によっていいと思う」「速く書くところとゆっくり書くところを分けてもいい」という意見が出ました。

　そこで，どんな場面では，どのくらいの速さと丁寧さで書けばいいのか，みんなで話し合って決めることにしました。

　もちろん大人になれば，字を書く速度や丁寧さなどその人個人の問題です。しかし学校は授業時間が決まっています。全員一斉に終わらせなければいけないことがあります。

　また子どもたちに，時と場合によって書く速度や丁寧さを変える判断力や技能を教えることも大切だと考えました。

■ みんなで意見を出し合う

基礎・基本
授業
行動
思考
笑顔
心に届く
先生
保護者

　まずは，黒板の左端を「速い」，右端を「遅い」，真ん中を「普通」と決めました。次に，子どもたちに書く活動をブレーンストーミングでどんどん発言させます。以下の意見が出ました。

　メモ，宿題，下書き，ノートテイク，作文，毛筆書写，清書，計算，テストの回答，ラブレター

　一つずつ短冊に書きます。それを全員で話し合いながら，黒板のふさわしい速度の位置に貼っていくのです。

　実際に学級で出た意見をまとめた掲示物が右の写真です。

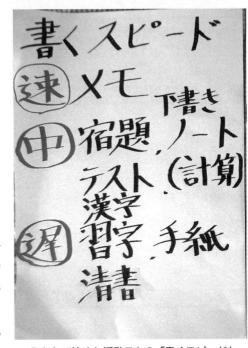

みんなで決めた活動ごとの「書くスピード」

　掲示物にしておくと，いつでも示すことができるので便利です。

　ことあるごとに「今回は，どのくらいの速度や丁寧さで書くのがちょうどよさそうですか？」と聞きます。

　すると，子どもたちはその活動にふさわしい速度と丁寧さを意識して書くことができるようになっていきます。

ここがポイント！

□ 時と場合によって書く速度と丁寧さを変えられる子に育てる
□ みんなで話し合って決めることで，納得して取り組める

7 活動前にモチベーションアップ させる「メリット共有」

授業全般

なぜその活動をやるのか，やるとどうなるか，子どもたちを巻き込んで考えることで，これからやる活動が楽しみになります。

■ 何のためにやっているのかを自覚させる

　人間はどんな活動においても，その活動の意味やメリットがわかっていると効果が高まったり，効率が高まったりします。

　それはもちろん子どもにも言えることです。

　学校にはさまざまな教育活動があります。せっかくたくさんの活動を子どもたちは行うわけですから，その意味を理解してから活動できるようにさせてあげましょう。

　今回は活動の目的を理解させる方法を2つ紹介します。

■ 「この活動で身に付く力は何ですか？」

　音読，視写，算数，清掃，整理整頓などの意味やメリットを考えさせる方法です。

　新学期に行うことをおすすめします。私はパワーポイントを使用して行うことが多かったです。

　まず，何かしらの活動を進める前に，「この活動で身に付く力は何ですか？」と聞きます。子どもは考え発言します。どれも受け止めます。

　最後に，「みなさん，どれも正解です。とても素晴らしい考えでした。さて，先生はこう考えます」と言ってパワーポイントを示しながら説明していきます。

　このようにすることで，やる気が高まります。ここまで丁寧にやるのは，初回の活動時だけです。あとは口頭で確認すれば十分です。

クイズ形式だと盛り上がります

■ 「これは何でしょう？」

「これは何でしょう？」というスライドを提示します。

スライドの次の頁に，以下の文を一つずつ示していきます。

・丁寧な字をスラスラ書けるようになる。

・集中力がぐんぐん高まる。

・書くスピードがグッと高まる。

・漢字をパパッと覚えられる。

考えさせ発表させます。どの意見も受け止めましょう。

最後に，スライドを変えて「漢字 視写プリント」と提示します。

子どもたちは「あ～！」と言って納得します。

クイズ形式で盛り上がります。子どものやる気を楽しく高められる導入の仕方です。

□ 活動のメリットや意味を知っていると効果が高まる

□ メリットを楽しく考えたり，話し合ったりする中で活動に対する興味がわく

8 導入で一気に授業に巻き込む 「〜できたら〜します」

授業全般

導入の三種の神器――「ほめ言葉とセット」「ゲーム要素で活動できる」「待たない」。これを実現できるのが，この言葉です。

■ 導入で一気に授業に巻き込む

TOSS の勉強会に参加したときのことです。

授業の冒頭によくこのような指導言を使っている先生方がいました。

先　生「教科書20頁を開いたら，『開きました！』と言います」

子ども役「開きました！」

先　生「速い！　速い子はかしこい！」

定番の導入の仕方でした。これは向山洋一先生の教育技術を追実践されている先生方が多いのだと思っていました。しかし，その後，他の団体に学びに行ったときも，導入についてはいろいろな工夫があるのだとわかりました。

ここでは導入で一気に授業に巻き込む言葉のワザを紹介します。

■ 教科別　授業に巻き込む言葉の具体例

国語

「鉛筆と消しゴムを出せたら『出しました』と言います！」

「全員起立。黒板の詩を３回読んだら座ります。スタート」

（ドリル準備後）「早口言葉で①〜③を言えたら手を挙げます。スタート」

算数

「板書のように，日付と頁数が書けたらノートを持っていらっしゃい」

「黒板の問題ができたらノートを持ってきます」

社会

「（地図帳）２，３頁。先生が言う国か都市の名前，囲んだら立ちます。ニューヨーク！」

ゲーム感覚で行うと
楽しい気分で取り組
めます

テスト

「名前を書いた人から背筋をスッと伸ばして待ちます」

なぜこれらの言葉で授業に巻き込めるのか

① ほめ言葉とセット

「鉛筆と消しゴムを出せたら『出しました』と言います！」

「出しました！」「準備が速い！」

この「準備が速い」というほめ言葉によってやる気が高まるのです。

② ゲーム要素で活動できる

ゲーム感覚で競争できます。他の子も急いで準備するので，「自分も素早く準備しよう！」という気になるのです。しかも動きのある活動がセットで身体を動かせるのでワクワクします。

③ 待たない

待たずにどんどん進めるので，早く準備した子がきっちりとほめられるようなシステムになっているわけです。

□ 導入の一言で一気に授業の雰囲気をつくることができる

□ ほめる ＋ ゲーム的な活動 ＋ 待たない ＝ 授業に巻き込む

31

すべての子が理解しやすい「脳タイプ別指導」

> 視覚優位，聴覚優位，体感覚優位の３つのタイプの子どもがいることを意識することで，すべての子どもが楽しく学習できるようになります。

■ ３つの脳タイプを意識して教える

NLP（神経言語プログラミング）では脳には３つのタイプがあると言われています。

視覚，聴覚，体感覚です。

物事を理解したり，習得したりするとき，視覚（目で見ること），聴覚（耳で聴くこと），体感覚（身体を使って体験的に学ぶこと）のどれが優位なのかは人によって違います。

当然，学級の中にはそれぞれの脳タイプに属する子どもたちが混在しています。

ですから，一人一人に細かく合わせることは難しいとしても，大まかに３タイプに合わせて授業や説明ができると，すべての子にとって理解しやすくなったり，負担が減るため学習が楽しくなったりするのです。

授業では45分間の中で，それぞれのタイプに合わせた活動を必ず入れるようにすると，どの子もいきいきと学習できます。

また教科外指導の説明や指示においても，脳の３タイプを意識すると指示の通り方が違ってきます。子どもたちの集中が高まり，意欲的になります。

本節では３つの脳タイプの概要を説明します。

そして次節以降は，国語，算数，社会の授業においてどのように３タイプを意識して授業を組み立てるか，とりわけ体感覚優位の子どもに対する具体的な実践例を紹介します。他の教科は体感覚優位の子が楽しめる教材がたくさんありますが，上記の３教科については不十分だと考えるからです。

脳は３つのタイプに分けられると言われています

３つの脳タイプ別の有効な指導

視覚優位の子への有効な指導　＝読む，見る活動

・絵や図，表，グラフなどを提示する。

・文章，他資料を黙読させる。

・映像資料を見せる。

聴覚優位の子への有効な指導

・口頭で説明する。

・話し合いを取り入れる。

・音声教材を流す。

体感覚優位の子への有効な指導

・歩いたり，書いたり，操作したりする活動を取り入れる。

・場所を変えたり，自由に移動したりする機会を設ける。

・演劇，芝居，身体を使って表現する活動を組み込む。

□　３つの脳タイプを意識することで，どの子もいきいきと学習できる

□　体感覚優位の子たちへの指導を特に工夫してみよう

基礎・基本

授業

行動思考

笑顔

心に届く

先生

保護者

新出漢字も朗読も発問も「動作化」がポイント

> 「視覚，聴覚，体感覚」脳タイプ別指導の国語編。国語は，算数や社会と比べると，体感覚優位の子どもも活躍できる教材が揃っています。

新出漢字の学習

　一般的な指導法として「空書き」「指書き」「なぞり書き」「写し書き」があります。拙著『子どもがパッと集中する授業のワザ74』（p.76～77）でもくわしくやり方を紹介していますが，新出漢字の学習におけるこれらの指導は，3つの脳タイプすべての子に適当だと言えます。

　視覚優位の子は，黒板の先生のお手本やドリルのお手本をじっくり見ながら書くことができます。

　聴覚優位の子は意味，熟語，使い方を音読し，書き順を唱えながら指書きと空書きができるのでスッと入ります。

　体感覚優位の子は机に大きく指書き，立って空書きができるので満たされます。

物語文の表現読み（朗読）

　これはわかりやすい例だと思いますが，物語文でグループごとに範囲を決め，朗読の発表をする際に動作化を入れるというものです。

　声の大きさや抑揚，顔の向き，文章に合った動作を試行錯誤しながら練習する学習は，体感覚優位の子も存分に自分の適性を発揮できます。

　この学習を通して子ども同士の仲が深まるのを何度も目の当たりにしました。たとえば，視覚優位の子が読み取った場面の情景を聴覚優位の子に話すとします。それを今度は体感覚優位の子が実際に朗読をやって見せて「そうそう，そんな感じだよね，だってここにこう書いてあるから」というような場面を何度も見ました。適材適所のチームワークが思い切り発揮される場面です。

A…家に帰ろう（あるいは何も考えていない）

B…いわしをとってこよう

C…くりをとってこよう

D…それ以外

ＡＢＣＤのそれぞれを動作化する過程で何度も教科書を読みなおします

物語文の発問の中に動作を入れる

『ごんぎつね』の指導での例です。

「この文の時点で，ごんがいたところ，見ている方向，兵十との距離についてＡＢＣから選びましょう」

まずは黒板にＡＢＣそれぞれ文を書きます。

次に，先生がＡＢＣの演技をするかどうかは，学級の実態によります。

子どもたち自身で思考して，それを動作化して表現できれば任せます。

そこまでするのが難しければ，先生がＡＢＣそれぞれやってみます。

場面の情景を想像できないと，うまく表現できません。

動作化する過程で，子どもは何度も教科書を読みなおします。イメージしてはそれを壊し，自分の解釈を加え，友達と議論しながらよりふさわしい動作や表現を工夫していきます。

ここがポイント！

☐ 動作を入れることで体感覚優位の子を含めてすべての子にとって学びやすい学習となる

☐ 動作化する学習を取り入れることで子ども同士の仲もよくなる

11 「実演問題文」と 個性キラリのタイプ別発表

「視覚，聴覚，体感覚」脳タイプ別指導の算数編。算数にはいろいろなタイプの子どもが活躍できる場面があります。

■ 導入　問題文の実演で一気に理解しやすくなる

低学年の算数の授業の導入では，人を使った説明や劇はけっこう汎用性が高くおすすめです。たとえば，引き算の指導。

「男の子が8人います。女の子が5人います。違いは何人ですか？」

こういった問題では，実際にやんちゃな子どもたちを前に呼びます。

前から順に並んで1対1対応で手をつないでいき，最後に男の子が3人残ります。だから答えは3人ですね。

このように実際に前に出てやってみるという体験は，体感覚優位の子にとってはとてもウキウキ学習できる手立てになります。

他にも，文章題を演劇風にするだけで，グッと子どもは引き付けられます。

■ 自力解決の場面（脳タイプ：視覚）

問題文を理解し，個人で問題を解いていきます。

どのように式を立てるのか，数直線や図をかいて考えていきます。ここは視覚優位の子にとってぴったりですね。

■ 自由に立ち歩いて教え合う（脳タイプ：体感覚，聴覚）

体感覚と聴覚優位の子がいきいき学習できる場面です。

次のように指示します。

「教室のどこへ行って何を使ってもいいから，友達に解き方を説明します。時間は5〜7分です。自由に立ち歩いて始めましょう」

それぞれのタイプの子が，自分にとってやりやすい形で説明をします。

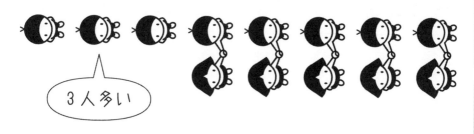

文章題も，目に見える形にするだけで楽しくなります

　ノートをもとにひたすらしゃべる子，黒板に書きまくる子，静かにノート
に書きながら説明し合う子などさまざまです。

発表　3つのタイプによって個性が出る

　視覚の子はあらかじめ黒板にかいておいた数直線や図などを用いて説明す
ると思います。

　聴覚の子はノートをチラ見しながら，自分の考えをスラスラ説明していく
かもしれません。

　体感覚の子は黒板に書いたり，人や物を動かしたりして説明するでしょう。

　このように，場と時間を設定することであらゆるタイプの子が楽しく算数
を学習できるようになります。

脳タイプについて子どもに説明することもある

　高学年の子どもには，3つの脳タイプを説明することによって，自分に合
った学び方がわかるようになり，今後の人生の学びに役立つこともあります。

　□ 場と時間を設定して自由に活動させることで，自分に合った形
　　で学習できる

右側タブ：基礎・基本／授業／行動／思考／笑顔／心に届く／先生／保護者

12 参加意欲アップの「演劇形式発表」

「視覚，聴覚，体感覚」脳タイプ別指導の社会編。ここでは，体感覚優位の子どもが活躍できる実践を2つご紹介します。

■ 「わきお発問」から縦書き板書，発表まで

TOSSの有名な実践の中で次のような指示があります。

① 「わきお発問」

黒板に大きく資料を示すか，教科書の資料を示したうえで次のように指示します。

「この絵（写真やグラフなどの資料でも使用可能）を見て，わかったこと，気付いたこと，ちょっとでも思ったことをノートに①〜，②〜，③〜と箇条書きします。3つ書けたら先生のところにノートを持ってきます」

② 縦書き板書

3つ書けて先生にチェックを受けた後，子どもが縦書きで板書していきます。一人一つの意見と自分の名前を書きます。

③ 発表

黒板に10〜20程度意見が並んだら，右から順に発表させます。

その中の疑問点やキーワードに注目して，主発問へとつなげていくのが一連の流れです。

この実践のよいところは，子どもの参加意欲がグッと高まるところです。先生のところへ持っていったり，黒板に書いたり，発表したり，体感覚優位の子でも十分いきいきと学習できます。

■ グループ学習のまとめ発表会は演劇形式で

グループで調べ学習をしたあとに発表をさせることがあります。

一般的には，模造紙に書いたり，パワーポイントを作ったり，紙芝居風に

演劇風の発表なら，体感覚優位の子どもも力を発揮できます

資料を用意したりして発表するはずです。これらの場合は，視覚と聴覚が優位な子にはよいかもしれません。しかし，体感覚優位の子は無意識的にムズムズするかもしれません。

　そこでおすすめしたいのが，演劇形式での発表です。

　身体を動かしたり，セリフのタイミングをみたり，学習した知識をどう演出するか思考したり，体感覚優位の子にはたまりません。

　一見「邪道」に見えるかもしれませんが，実際にやってみると相当面白いです。学んだことを身体と言葉で表現するのは案外難しいものです。調べたことがしっかりと自らの言葉となり，しかもイメージ化されていないと実際に表現できないからです。

　4年生の東京都の単元，5年生の公害，6年生の世界の国々で少し取り入れてみたところ，大変知的な盛り上がりを見せました。聴いている方も，しっかりとメモを取り集中していました。学び合いとしてもとても有効です。

ここが
ポイント
！

□ 「わきお発問」はどの子も活躍できる素晴らしい教育技術
□ 演劇形式の発表に落とし込むまでの過程でものすごく思考する

だれでも意見が書けるようになる「結論＋理由」の型

国 語

> 「さぁ書きましょう」だけでは，書くのが苦手な子は手がとまってしまいます。
> 型を示せばだれでも書けるようになるのです。

■ まずは「結論」を選ばせる

　発問したあと，子どもたちに5分程度ノートに意見を書く時間をとった際に，サッと書き始められる子となかなか書き進められない子がいます。

　そんなとき，サッと書き始められる子たちにはこんな言葉かけをします。

　「まずは，自分の立場を選んでごらん。AかBか。賛成か反対か。まずは，自分の考えに近いのはどれか，1つだけ選んでごらん」

　「あるいは，自分の考えと比べてこれは大きく違うなぁ，という意見を選んでごらん」

　一方，なかなか書き進められない子には，消去法が有効です。いくつか示して子どもたちが選びます。これで「結論」は書けます。

■ 「結論」のあとは「理由」を1つ書く

　次に，どうしてそれを選んだのか，その理由を書きます。書き方は，次の2種類です。好きな方を選びます。

　①だからこれが正しいという証拠を教科書から探して書く。

　②だからそっちは間違っているという証拠を教科書から探して書く。

　そして，次の型を指導します。

　「私はA（あるいは賛成）だと考えます。なぜなら～からです」

■ 「理由」は教科書から書き抜く

　「なぜなら～からです」の「～」の部分を書かせる指導が大事です。

　教科書から書き抜くのです。

型を示せばだれでも書けるようになるのです

　「なぜなら，教科書の35頁の５行目に〜と書いてあるからです。〜ということは，〜だと考えられます。だから，Aだと考えます」

　ここまで書けたら合格です。

別の意見がおかしいと考える理由を書く

　次のステップは，選ばなかった立場に対して否定意見を書くことです。

　結論は簡単です。「だからAだと考えます」に続けてこう書きます。「続いてBはおかしいと考えます」

　その理由を書きます。教科書から，Bがおかしいと判断できる材料，証拠を見つけるのです。見つかったらノートに書き抜きます。

　「なぜなら，教科書の37頁の２行目に，〜と書いてあるからです」

　できれば「〜ということは，〜だからです」と分析，解釈を書くことができればなお素晴らしいです。

ここがポイント！

□ まずは「結論」。次にその「理由」
□ 「理由」は教科書から書き抜くだけ

論理的思考力を鍛える「証拠書き出し」作戦

書ける子どものレベルをもっと高めるためには？　考えを深めるための書き方をマスターさせましょう。

サッと書き始められる子どもの２パターン

　なかなか書き進められない子どもにおすすめの「結論＋理由」の型をご紹介しました。今度は，サッと書き始められる子どもへの指導です。

　サッと書き始められる子どもは，２通りに分かれます。

①「結論」＋「１つか２つの理由」を書く子。

②「結論」＋「２つか３つの理由」＋「論拠をもとにした思考，分析」を書く子。

①の子たちの書き方の特徴

　「私はＢは違うと考えます。なぜなら〜からです。Ｃも違うと考えます。なぜなら〜からです。Ａが正しいと考えます。なぜなら〜からです」

　①のタイプの子は，このように結論＋理由１個，結論＋理由１個……の繰り返しになってしまっています。

　自分の意見を支える根拠があまりにも少ないのです。

　これでは，説得力が低いため，話し合いの際に活躍することはできません。どの子も自分の意見を発表できる喜びを味わうとともに，しかも友達と議論できる②のレベルまで高めてあげたいものです。

②のレベルに高める考えの深め方

　次のように説明と指示をします。

　「考えを深めたり，鋭い考えをもったりするためには，まずすべきことがあります。それは『だからその意見は違っている』という証拠をたくさん教

> 「考えを深めるキーワード」
> ・～～ということは，～～～ことですよね。
> ・～～と書いてあるので，～～というこ とになりますよね？
> ・もしも～～～なら，～～～ではありませんか（～はずです）。
> ・でも～。
> ・例えば～。
> ・～を比べてみると～。
> ・しかも～。
> ・要するに～。
> ・だから～。

科書から探し出すことです」

　自分が選ばなかった方の選択肢の盲点を探す作業です。

　「次に『だから自分の意見の方が正しいんだ』という証拠をたくさん集めます。証拠，根拠は多いほど自分の考えが正しいということを証明できます。どんどん探して書き出して，自分の論理を固めてみてください」

　自分が選んだ選択肢を肯定する材料をたくさん見つけ出す作業です。

考えを深めるためのキーワード集〜思考・分析の力を高めるつなぎ言葉〜

　「書く内容はなんとなくあるけど，書き方がわからない」という子には，「次の言葉をうまく使うと書きやすいかもしれません」と言って上の表を紹介します。この中から今書きたい言葉と言葉をつなぐのに，ピッタリくるものを選ばせます。

　「結論」＋「理由」＋「キーワード」＋「分析」「解釈」

　この書き方をマスターすれば，あるいはマスターする過程で，かなり論理的思考が鍛えられます。練習すればだれでも書けるようになります。

ここが
ポイント
！

□ 書くことができる子どもを議論できるレベルまで高める

**討論がタダの発表合戦に終わらない 国 語
「2つの誘い文句」**

> 討論とは名ばかり……単に自分の意見を順々に発表するだけになっていませんか？ 子ども同士の意見が自然とつながり話を深める方法をご紹介。

■ 討論のはずが，発表のし合い（発表合戦）に終始してしまうのは？

　ディベートの単元や文学作品の話し合い活動において，討論するときがあります。

　理想的には，子ども同士で話がかみ合い，相手の意見を受け止めながらより高い説得力をもって論じ合うというのが理想です。

　しかし，実際には自分の意見をただ発言するだけで，意見がかみ合わないということがありませんか。

　「私は～と考えます。だから～の方がいいと思います」

　「私は～がいいと考えます。なぜなら～だからです」

　「私は～だと思います。～と書いてあるからです」

　このように，それぞれが自分の意見を発表するだけで，相手の意見とかみ合った議論ができない状態です。

　ここでは，発表がかみ合うようになる言葉のワザを2つ紹介します。

■ 「友達に問いかけてごらん」

　1つめは「友達に問いかけてごらん」です。相手のグループに問いかけるのです。自分の意見を言ったあとに次のセリフを言うように指導するのです。

　「～という考えをもっているみなさん，いかがですか？」

　「○○さん，どうですか？」

　「○○さん，この点についてはどう考えますか？　意見を聞かせてください」

　このように問いかけることによって，相手は答えざるをえません。答える

みなさん，いかがですか？

子ども同士がつながるには，相手への問いかけが必要です

ために必死に考えます。相手の意見をもとにして，さらに反論を考えるので自然と意見がつながっていきます。

　答えられない場合は「時間をください」と答えればよいです。

「意見を足し算してごらん」

　相手の意見を引用したあとでそれに対して反論する方法です。

「〇〇さんは～と言っていました。しかし，～」

「〇〇くんの考えは～なのですよね？　だとしたら，先の～」

「確かに，〇〇さんの言う通り，～かもしれません。でも～」

「～というところまでは納得できます。ただ～」

　このように，相手の意見を受け止めたあと，自分の考えを展開していく方法を指導することによって，どんどん話は深まっていきます。思考が活性化していくということです。

ここが
ポイント
！

□ 相手の意見とつなげて発言できるよう指導すれば自然と議論は
　深まっていく

□ はじめは話型を提示してもよい

国語の発表の時間。特定の子だけが参加する授業と，クラスみんなが活気ある授業の違いはどこにあるのか。事例から考えてみましょう。

■ パターン1 全体での発表がどんよりした雰囲気になってしまう授業

　国語の物語文の授業で，発問したあと以下のように指示しました。

　「では，ＡＢＣどれかを選んで，それを選んだ理由を書いてみましょう。時間は10分です」

　子どもたちは各自ノートに書きます。10分間たちました。

　「では発表してください。発表できる人は手を挙げてください」

　いつも決まった子たちが手を挙げます。発表が好きな子，国語が好きな子，頭の回転が速い子です。30人中5，6人でしょうか。それ以外の子は手を挙げず，書き続けていたり，考えていたり，ぼーっとしていたりします。

　手を挙げている子たちの一人を指名します。その子が発表します。

　「他は？　意見ありますか？」

　他の子を指名します。次の子が発表します。

　「あとは？　同じかな？　違う？　（指名して）どうぞ発表してください」

　指名された子の発表が終わり，これで3人の発表が終わりました。

　その頃になると，教室はどよーんとした雰囲気になっていました。けだるいような，重たく活気のない，なんとも言えない静かな時間が流れます。時計をチラチラ見る子。手いたずらする子。窓の方をずーっと眺めている子。

　私はどうしたらいいのかわからず困ってしまいました。

■ パターン2 子どものやる気が高まり，話し合いが活性化する授業

　同じ授業で，今度は10分間書かせたあと，次のように指示します。

　「書けたらＡを選んだ人はこちらに集まってください。Ｂの人はそちらへ。

どうしてこんなに雰囲気が異なるのでしょうか？

Cの人はあちらに行って，ノートを見せ合いグループで話し合ってください。そのあと全体で発表します。時間は4分間です」

　子どもたちは席を立って自由に交流し始めます。選択した理由を話し合っています。「そうだよね，そうだよね」とか，「あぁなるほど，だからか〜」とかいろいろな声が飛び交います。

　4分たちました。全体発表に移ります。

　「発表できる人？」

　挙手する子が15人ほどに増えています。先ほどの2倍以上です。そのあとの話し合いは活気がありました。

　意見がぶつかり合って結論が出なかったため，宿題でさらに意見を書いてくることになりました。

　翌日，意見を発表する子が増え，話し合いはとても深まりました。

　パターン1とパターン2。2つの授業にはどんな違いがあるでしょうか。

ここが
ポイント！

□ 各自ノートに書いたあとに交流の時間を設けることで授業が盛り上がる

どの子も発表できるようになる「ワンクッションの話し合い」

> どの子も授業に参加できるようにするには，アウトプットの機会を設ける仕組み
> が必要です。

■ 停滞する授業の原因の一つ「いつも決まった子だけが発表する」

「いつも決まった子だけが発表する」。前節のパターン1がまさにそうでした。

発表に不安のある子，国語が得意でない子，ゆっくり考えたい子にとっては，一部の子たちだけが活躍するのでおもしろくありません。自信をつけたり，成長したり，ワクワクしたりする機会がないので当然です。

そのため，授業ではどの子も参加でき，どの子も発表できる，どの子も成長できるような仕組みが必要なのです。

■ どの子にも発言の機会を与える＝アウトプットの機会を保障

ではどんな仕組みがあるのでしょうか。

パターン1では，意見を書かせたあとすぐに全体発表（挙手した子を先生が指名し他の子が聴く場面）に移っていきました。

意見を書く場面と全体発表の場面の間にワンクッションほしいのです。

パターン2ではワンクッションありました。それが，グループ別にノートを見せ合う「小さな話し合い」です。この活動を挟むことで，どの子も発言の機会が得られます。

全体では話せなくとも，小規模グループなら話せる子がいます。グループで話し合ったことで自信がつき，全体で話せるようになる子もいます。話すことを通して，思考を深めることができます。いつも聴いてばかりでは，なかなか思考は深まりません。アウトプットの機会を設けることで，一人一人がいきいきと授業に参加できます。

ワンクッション入れるだけでいきいきとしてきます

■ ワンクッションのバリエーション

　今回の事例では，ノートを持って自由に交流というワンクッションを入れましたが，実はそれ以外にもバリエーションがあります。

　授業のねらいに応じて使い分けてみてください。

・ペアトーク（隣か前後で話し合う）

・グループトーク（班の４人）

・自由交流（今回の事例のように，ノートや教科書を持って立ち歩き複数名で話し合う）

・ブース方式（教室の四隅に発表者が向かい，聴きたい人は自由に移動）

・黒板前に集合（黒板前に集まり発表を聴く）

・黒板やミニホワイトボード（黒板やホワイトボードに式，考え，図などをかいて説明し合う）

・ギャラリーウォーク（机の上にノートを開き，自由に見に行く）

ここがポイント！

☐ 意見を書く場面と全体で発表の場面の間にワンクッションを

☐ ねらいに応じてワンクッションを取捨選択

☐ 全員に発言の機会を与えることで，みんなが伸びて，みんながうれしい

18

算数の発表と「伝え合う力」の深〜い関係

> 算数は問題が解ければそれでいい？　いえいえ，算数の発表は，その後の人生でも大切な力を身に付ける場なのです。

■ 単純計算ならいいけど……

　算数の授業中。子どもが個人で問題を解いていました。時間がきて答え合わせをします。挙手指名です。問題によりさまざまな答え方がありますが，およそ以下のように答えます。

　子ども「私は65度だと思います」

　私（子どもたちに向かって）「いいですか？」

　子どもたち「いいで〜す」

　このような授業を繰り返していました。テストの結果は芳しくありません。私の授業の仕方が，結果にそっくり反映されていました。(泣)

■ 「論理的思考力」と「他者理解・自尊感情」を身に付ける

　失敗談から反省し，少し勉強しました。

　するとどうやら，算数の授業を通して子どもに発表させると，伝え合う力，論理的な思考力を育てることができるというのです。

　伝え合う力をつける目的は2つあります。

　1つは論理的な思考力を養うためです。論理的で筋道の通った説明の仕方は，入学・入社試験をはじめ，社会生活におけるたくさんの場面で必要とされます。

　もう1つは他者理解と自尊感情です。他者の発表により，自分が思いつかなかった考え方に気付きます。教えてくれた友達に感謝します。人に教えることのできた喜びを感じます。

算数の授業でよく見かけるシーンですが……

「伝える」は「伝え合う」にはなっていない

　算数の授業で子どもに発表させるといいんだと考えた私は，答えだけではなく，どうしてその式や答えになったのか理由を発表させるようにしました。

　子ども「三角形の内角の和が180度で，そこから115度を引くと65度になるからです」

　なんとなく，子どもが発表して伝えている感じのする授業になりました。しかし，それでもなお個人差は大きく，できる子はできる，できない子はできない状況は変わりませんでした。

　なぜかというと，挙手した子の中から指名して（発表の得意な子，算数が得意な子に頼って）は発表させていたからです。

　発表している子どもの説明は上手でした。しかし，発表者が伝えるというだけの一方通行になっています。他の子どもたちに確認していないので，友達と「伝え合う」にはなっていませんでした。

ここがポイント！

　□ 伝え合うことで論理的思考力が身に付く
　□ 「伝える」ことと「伝え合う」ことは別

19　伝え合う力を育てる　「短文＋確認の問い」の型

「伝え合う」とは，双方向のコミュニケーション。簡潔な言葉で話し，伝えたことが伝わったか，イチイチ確認することが大切です。

■　たった１つの言葉

　算数で伝え合う力をつける授業をする。そこでさらに考え，勉強しました。ある子の説明を聴いて他の子どもが理解を深め，発表した子も他の子も自尊感情の高まる指導法がないか模索しました。

　たった１つの言葉で，それができました。

　「短く切って，みんなに確認してごらん」

　言い換えると，句点を増やして一文をできるだけ短くし，全員に確認しながら発表を進めるということです。

■　伝え合いの算数の発表〜具体モデル〜

　「三角形の内角の和が180度で，そこから115度を引くと65度になるからです」

　先生はこの発表を流してはいけないのです。このサラッとした説明だけでは理解できない子がいるのです。低位の子たちにとっては難しすぎます。だから，子どもの発表のあとに次のように言います。

　「ありがとう。素晴らしい。ただ，ちょっと待って。君は頭の回転が速すぎる。だから先生みたいに頭の回転がゆっくりの人には，三角形の内角の和が180度とか忘れている人がいたり，う〜ん，わからん！って人がいたりするかもしれないから，句点を多くして，短〜く，ちょこ，ちょこって切って説明してくれるとわかりやすいかも。ちょっとやってみて」

　その子がチャレンジします。

はい！

はい！

アとイとウを足すと180度ですよね？
ここまでいいですか？

発表する子も聴いている子も
いきいきとしています

子ども「三角形の，こことこことここの３つの角の大きさをすべて足すと，
　　　180度ですよね？」（はい）「ここまでいいですか？」（うん。OK）
私「友達がわかっているかどうか，みんなの顔を見てごらん」
子どもたち「はい」「ちょっと待ってください。もう１回お願いします」
私「わからないときは遠慮せずに聞いていいからね」
　　「うまいね。短く区切るから，ここまでみんなよくわかったみたいだよ」
子ども「求めたいのは角アですよね」（はい）「で，今わかっているのは角イ
　　　の15度，角ウの100度です。だから，……180度から引けば残りの角アの大
　　　きさが出ますよね？　ここまでどうですか？」（うんうん。そうだよね）
　　「だから180度－115度＝65度で，角アの大きさは65度となります。いかが
　　　ですか？」

全員に「伝え合う力」を育てるための手立て

　結論 →「理由（一文を短く）」＋「確認の問い」の繰り返し

　これが基本の型です。最初は発表が得意な子に挑戦させればいいでしょう。
モデルとなる子が発表した後，「今の○○さんのように説明できる人？」と
同じように数名発表させます。その後ペアで説明し合う活動を入れることで，
「短く切る」「確認する」という伝え合うための型が全員に身に付くのです。

ここが
ポイント！

　□ 発表は「一文を短く」「確認の問い」でどの子もわかるように
　□ 発表した子も，発表を聴いた子もうれしくなる発表が大事

基礎・基本

授業

行動思考

笑顔

心に届く

先生

保護者

趣意説明の言葉でスタート。じらしの言葉でやる気もアップ！　ここではステップ1～3をご紹介。

テストのための教え込み授業をやめたい！

　4，5年の社会の授業の場合，地域に根差した教材を扱いながら，グループで探究したり，体験したり，発表したりする授業の形式になります。すると市販テストに出てくる地域と，実際に授業した地域の乖離が生じてくるため，テスト前には教科書で扱っている知識の内容を教え込むことになってしまいました。そこで，楽しく，ワクワク，活動的でありながら，テスト対策としてもしっかりと知識が身に付くようにと考えた授業をご紹介します。

ステップ1　趣意説明

　まずは趣意説明として，次のように言葉かけをします。
　「今回は，自分がテストをつくる会社の人になったつもりで実際にテストをつくり，それを自分たちで答えていくという授業をします。テスト対策の学習が自分でできるというのは，その先の人生でもきっと役に立つはずです」

ステップ2　価値のある問題と価値のない問題を見極める視点を伝える

　次に，最低限の注意点を説明するため，次の問題を板書します。
①教科書50頁の1行目の最初の1文字目はなんというひらがなですか？
②八王子市の農家の人が工夫していることを3点書きましょう。
③2015年，浅草には2500万人以上の観光客が来た。○か×で答えなさい。
そして問います。
　「この3つの問いの中に，価値のあるものと価値のないものがあります。学習内容を理解できているかどうかを確認するためのテストとして，ふさわ

付箋紙にどんどん書いていきます

しくない問題があります。それはどれですか？」

　答えはもちろん①です。このような問いかけをして，テスト用，つまり学習内容に関することを問題にするということを念のため確認しておきます。

ステップ3　付箋紙を配付して「問題文」「解答欄」「名前」を書く

　付箋紙を300枚ほど用意します。座席は班の形にするとやりやすいと思います。班ごとに30枚程度置きます。各自，上の写真のように，問題，解答欄，名前の3セットを横書きで書きます。時間内に何枚書いても構いません。ただし，教科書か資料集に書かれていることをもとにして問題を作成しなくてはいけません。逸脱してはテスト勉強にならなくなるからです。

　最初は1単位時間かけて問題を書きます。2回目以降は時間を短縮できます。宿題でもできます。途中，「実は実際のテストを今持っているのですが，見たい人？」とじらしたりしてプロのつくったテスト問題と自分のつくった問題を比べさせます。ここで質の高い問題の特徴を教えてもよいでしょう。
（続く）

ここが
ポイント
！

- [ ] **テストをつくる過程で知らず知らずのうちに何度も教科書を読み返すことになるので知識がぐんぐん身に付く**
- [ ] **価値のある問題を全員に理解させる**

55

21

**テスト勉強が盛り上がり成績も上がる　社　会
「問題づくりメソッド」2**

> テストが楽しみになること請け合い。テストが終わったら最後の質問もお忘れなく。ここではステップ4・6をご紹介。

　社会のテスト勉強の続きです。子どもたちが付箋紙に問題を書いたら，右の写真のように，黒板に全員で一気に貼り付けます。

ステップ4　だれかの問題をはがして解答を書く

　好きな問題を1つだけ選び席に戻って解きます。

　選んではがすときは，ワイワイガヤガヤしますが，問題を解くときには不思議とものすごい集中力を発揮するのでとても静かになります。

　必ず，教科書か資料集を参照して根拠をもって答えるよう指導します。勘ではダメです。問題を解くために，資料を繰り返し読み返すことで知識が身に付くからです。

ステップ5　出題者に丸つけをしてもらう

　付箋紙とは別に，教科書か資料集を持って出題者のところへ行きます。

　その際，「教科書（資料集）のここに，書いてありました。どうですか？」と必ず言わせます。こうすることで，根拠を示すことを徹底できます。出題者が丸をつけます。丸をもらったら，自分のノートに貼り足していきます。

　授業の最後に，何枚たまったか確認してもいいかもしれません。最低でも5枚は解かなくてはいけません。時間は45分間使います。

ステップ6　テスト実施直後に確認をする

　このようなテスト勉強を経てテストが終わったら，必ず最後に次の質問をします。

　「自分がつくった問題がテストにのっていた人？」

子どもたちはワイワイガヤガヤ。
でも問題を解くときは一気に集中
します

　この最後の質問がキーです。というよりも，テストの前日にこの授業を行うと，こちらから聞かなくても，テスト中に「あ！　ぼくのつくった問題じゃん」というつぶやきが必ず聞こえてきます。

　テストのあとに確認すると，半数以上の子が手を挙げるはずです。同じ問題を見つけるとうれしいものです。自信になります。

　「すごいなぁ，みんなは。明日にはもう教育関係の出版社に就職できるんじゃないかな」と楽しくほめていきます。

ここが
ポイント！

□ 最初の問い「自分がテストをつくる会社の人になったつもりで
　テスト問題をつくってみよう！」でやる気を一気に高める
□ 繰り返し実践することで，質の高い問題とそうでない問題を見
　分ける目を養う

22

技のコツを共有化する「言葉のものさし」

> 体育で技ができたことを感覚ですませていませんか？　あえて問い返しをして言語化してみましょう。

体育　跳び箱運動の一場面

技能のポイントについて話し合う場面です。

子どもたちに聞きます。

「どうやったら，うまく跳べた？」

上手に跳べていたＡくんが答えます。

「バンってやったらできた」

ここで問い返しをします。

「へえぇ，バンってやったらできたんだね。でも，バンって何？　どういうこと？　くわしく説明してみて」

「バンっていうのは……」

Ａくんは答えようとしますが，なかなか言語化するのが難しい様子です。うまく言葉で言えない場合に有効な，２通りのパターンがあります。

パターン１　他の子に説明してもらう

「Ａくんの言いたいことを代わりに説明できそうな人？」

様子をみて少なかったら次の指示をします。

「自分のやってみた感覚も思い出してペアで話し合ってごらん」

指名して答えさせます。いろいろな意見が出るかもしれません。どれも受け止めます。ただ，あまり時間をとれませんので，正解が出たら，実際に子どもにやらせてみます。それで本当にできるかどうか確かめるわけです。

確かめた後は，少し時間をとってグループごとに練習します。

バンってやったらできた

技ができても説明するのはなかなか難しいものです

■ パターン2 「バン」をやりながら言語化していく

　動きが少し複雑そうな場合，明らかにやりながら説明しないとわからない動きに関してはこちらの方が有効かもしれません。

　Aくんの発言のあと「Aくん，じゃあやって見せて。バンってどういうことなのか，みんなも説明できるように見ててね」

　先生が説明してもいいのですが，できれば子どもに活躍の機会を多く与えたいところです。

　ここで何度かAくんにやらせます。

　そこで聞き返します。

　「Aくんのバンの意味がわかった人？」と聞きます。

　ペアで相談させたあと，指名して説明させます。

　「バンというのは言い換えると，力強く，両手で自分の体重をしっかりと支えることだと思いました」

　体験＋言語化を全体で共有することでポイントが定着します。

- □ 見ながら言語化することで思考が働くのでポイントが理解しやすくなる
- □ 子どもの言葉でまとめるから全体でワザのポイントが共有できる

23 悩む前にとにかく声を出せる「あいさつゲーム」

行動

> 「あいさつは1秒の勇気」とは言っても，恥ずかしい，無視されたら……と考えてしまうもの。ゲームにして楽しく巻き込んでしまいましょう！

あいさつができる子に育てたい

あいさつができる子に育てたい。この思いは子どもにかかわるすべての大人の願いではないでしょうか。

なぜあいさつは大切なのか。それを教える側がきちっともっていた方がいいかもしれませんが，それよりも大事なのは，先生があいさつを実践することです。そのうえで趣意説明が生きてくるのです。一番の説得力になります。

私が考えるあいさつの利点は以下の通りです。

・気持ちのよいコミュニケーションの第一歩となる。

・好感をもたれる。

・相手も自分も元気になる。

私は今，パラグアイで生活していますが，あいさつの重要性は世界中どこでも同じです。バックパッカーとして世界の国々を旅していたときも，あいさつに何度助けられたかわかりません。

あいさつは1秒の勇気

私は高学年を担任したときは，いつもあいさつについてしつこく指導します。そこで言うのが「あいさつは1秒の勇気」という言葉です。

人間だれしも，あいさつの前に感じることが何かあるのではないでしょうか。恥ずかしい。無視されたらどうしよう。相手からどう思われるかわからない。自分のこと覚えているかな。相手が返してくれなかったら損した気になる。

よくわかります。だからこその1秒の勇気なのです。あいさつ直前の1秒

恥ずかしがらず声に出すには楽しくゲーム形式にするのが一番です

の間によぎるすべての心の声に打ち勝ち，「おはようございます！」とあいさつしてしまうのです。悩み考える前に声を出してしまえ！という理屈です。

おすすめあいさつゲーム

「先生よりも先にあいさつできたら勝ち。先生に先にあいさつされたら負け。今週１週間やりま〜す。５日間あるので，３勝した方の勝ちね」

毎朝，ただただ楽しくやります。相手には求めません。軽くやる方がこういうゲームは成功します。

「あいさつゲーム。１日で５回，だれでもいいから相手よりも先にあいさつできるかやってみましょう！　家族，友達，先生，だれでもいいです。難しかったら，ペットもあり。それも無理なら，飼育小屋の鶏もあり。それも難しければ，多摩川の魚たちも！　かならず５回はあいさつすること！」

ユーモアを交えながら，子どもの意識をあいさつに巻き込んでいきます。

ここが
ポイント
！

☐ あいさつの重要性を先生が自覚していることが出発点
☐ 先生は真剣な思いでも子どもには真剣さを見せずに楽しくやること

基礎・基本
授業
行動
思考
笑顔
心に届く
先生
保護者

24 子どもがスッと動く「オノマトペと比喩」

一流の先生はオノマトペと比喩を効果的に使って子どもたちを動かしています。学級共通のオリジナル言葉をつくってみませんか。

■ 一流の教師が必ず使っているものは？

怖くて，厳しい先生だとその学級の子どもたちはスッと動く。反対に，甘くて，やさしい先生だと子どもたちはスッと動かない。初任の頃，私はそう考えていたのですが，怖くしても，厳しくしても，実際には子どもたちはスッと動くようにはなりませんでした。

それから，教師としての勉強を積み，たくさんの学級を参観する中で，大きなことに気付きました。一流の先生方は授業も学級経営も上手です。もちろん子どもたちはスッと動きます。そしてそんな一流の教師は，例外なくオノマトペと比喩を巧みに使っている，ということです。

■ オノマトペと比喩の効果と使う場面

オノマトペと比喩を使うと，子どもの表情が変わります。ピッと反応します。よく聴くようになります。先生の言葉を繰り返しつぶやく子も出てきます。低学年には特に効果てきめんですが，実は高学年でも十分使えることは経験済みです。

オノマトペと比喩は，どんな場面でも効果的ですが，なかでも動作を必要とする場面で使うと有用性が高くなります。体育，音楽，掃除，給食準備，読み書き計算など，身体のどこかを動かすときに生きるワザです。

■ 効果的なフレーズは試行錯誤してつくる

最初は，先生がオノマトペと比喩をどのように使うか考え，実践してください。試行錯誤が大事です。どんな言葉がピッタリとくるか，どんな言葉は

オノマトペ

　「スッと背筋を伸ばしましょう」「ビシッと座れませんかね！」

　「ガンガン書こう！」「黒板，ピッカピカに磨いちゃって〜！」

　「スパッと一言で答えるとすると，どんな言葉？」

　「サクサク解いていきましょう」「すー，トントン，バン!!（体育の跳び箱の助走）」

　「力を抜きます。ギュッと肩を上げて，ストンと下ろします」

　「リラックスしましょう。スーッとやさしく吸って，フ〜ッとゆっくり吐いて」

比喩

　（雑巾がけで）「ジェットコースターみたいに，スルーッとやってごらん」

　（音読の声を大きくしたいとき）「黒板に声をバンッとぶつけてごらん」

　「（丸をかいて）黒板のここにギュッと声を集めてみよう」

　（給食の準備が騒がしいとき）「高級レストランみたいに，もう少しサッと，そしてしっとりと準備できないかなぁ。さっきはガチャガチャしすぎて安い居酒屋みたいで，居心地がいまいちだねぇ」

　〔有名実践家の言葉〕

　「鉛筆の先から煙が出るくらいの速さで書くのです」（有田和正先生）

　「脳みそに汗をかくような問題」（向山洋一先生）

スベるか体感的にわかるからです。はじめから百発百中を目指す必要はありません。失敗がわかると失敗が減り，成功しか残らなくなるからです。

　次に，自分たちにピッタリと合うオノマトペと比喩を子どもたちとつくってみてください。たとえば，体育で上手に開脚前転ができる子をお手本として全員に示し，「上手にできるポイントを探しましょう」と発問します。子どもが「頭がつくと同時に足が開いている」と言ったら，「どういうふうに？」と返します。「勢いよく，バッと開いている」「なるほど〜。頭をつけた直後に足をバッと開くとできるのか。みんなどう思う？」と全員に投げかけ試してみながら，学級共通の言葉にしていくわけです。

ここがポイント！

□　指示や説明にオノマトペと比喩を

□　自分たちで自分たちに合うオノマトペと比喩をつくってみる

うまくいかない理由は「伝わったことが伝えたこと」だから

自分では伝えたつもりでも，自分が思っている通りに相手に伝わっているとは限りません。

■ 事前に指示したのにどうしてうまくいかない？

　掃除の時間，きれいにするよう伝えたにもかかわらず，時間がたってもきれいになっていませんでした。見るに見かねて，当番だったやんちゃくんにかなり強く指導しました。

　私「ちゃんときれいにするって約束しただろう。どうしてきれいにしてないんだ」　子ども「だからきれいにしたじゃん！」

　私「どこがきれいなんだ！」　子ども「よく見てよ！　きれいにしたじゃん！」

　私「どこをきれいにしたんだ！」　子ども「ここだよ！」

　私「まだ汚いから言っているんじゃないか！」

　子ども「ぼくにとっては十分きれいなんだよ！」

　一方，学年行事の音楽会のとき，日頃から度々指導をしているやんちゃくんに，「吹けるんだからちゃんと吹いて，立つときはしっかり立って，ダラダラ歩くんじゃなくて普通にちゃんと歩きなさい」と伝えました。しかし本番，演奏はしたものの，演奏しないときや入退場の態度がダラッとしており，入退場でもかかとの音を大きく鳴らしていました。

　私「なんだあの態度は！」　子ども「吹いたじゃん！」

　私「ちゃんとやるって言っただろ！」　子ども「ちゃんと吹いたじゃん！」

　私「歩き方もわざと足の音を鳴らして，ダラダラ歩いていたでしょう？」

　子ども「フツーに歩いてたよ！」

　私「あれが普通なのか」　子ども「そうだよ」

きれいにする約束を
したのにきれいになっ
ていないのは子ど
ものせいだと思って
いませんか？

■　「きれいにする」ってどのくらいきれい？「ちゃんと歩く」ってどんな歩き方？

　私は彼に「しっかりと行う」ように，「きれいにする」「ちゃんと演奏して入退場する」ように伝えました。そして彼は彼の中で「きれい」にしたし，「ちゃんとリコーダーを吹いた」わけです。

　しかし，私の中ではより高いレベル，よりしっかりと行う姿を求めていました。要するに，私は私のイメージを彼に伝え切れていなかったのです。

　相手に伝わっていた理解は

　「ちょびっときれいにすればいいんだろ」

　「とりあえずリコーダーを吹いてやるか，先生がうるさいから」

というものでした。

　そもそも，彼ともっとよりよい関係づくりをすることが可能だったかもしれませんし，彼の心に火をつける努力が足りなかったかもしれません。

　それでも，彼の発達特性を理解したうえで，彼ともっとコミュニケーションをとってゴール像を共有しておけば，彼の中で，今自分が行うべきことは何か，より具体的に理解でき，彼の自尊感情をもっと高められたかもしれません。少なくとも，私から叱責されることは減ったはずです。

□　「伝わったことが伝えたこと」を自覚する

26 先生と子どもの認識のズレをなくす「言葉の地図」

「ちゃんと」「きっちり」って具体的にどれぐらいできればよいのでしょうか。

■ 副詞や形容詞は，数字やたとえ話で具体的なイメージを共有

　前頁で紹介した掃除の時間や音楽会の事例で見てわかるように，「しっかり」「ちゃんと」「きっちり」などの言葉はなるべく使わないようにします。

　人によって，その内容，レベル感，イメージが大きく違うからです。

　また，「きれいに」「丁寧に」「速く」などの言葉も人によって違います。

　「協力」「本気」「完成させる」というのも実はあいまいです。

　時間はかかりますが，「ここぞ！」と思う場面，「これは大切にしたい！」という言葉については時間をかけて共有することをおすすめします。

・掃除できれいにするっていうのはどういうこと？

・丁寧なノートってどんなもの？

・本気で取り組むって，この場合だとどんな姿？

・協力するって，この場面だとだれに対して何をすること？

　言葉を共有しておくことで，先生と子どもの間でズレがなくなります。

　そうすれば，私のように暗黙のうちに「5年生なんだから，そんなことはできて当然でしょう」とか，「なんで，言っていたのにやっていないの？」とイライラを感じなくてすむはずです。

　コミュニケーションをとってゴール像を共有しておくことにより，その後の問題が減るということが，実はたくさんあります。

言葉は共有できていなければ伝わりません

指示，説明のあとはしっかりと確認を

　伝えた気にならず，しっかりと伝えるには，問いかけてもう一度言わせることが効果的です。

> 常に指導法を振り返る

　今の子どもの状態は，今の自分の指導力の結果を反映しています。

　だから，子どもが自分の思い通りにならないからといって，かつての私のように一方的に叱るのは，子どもにとっても自分にとってもよくありません。

　もちろん，指導力以外にも，たくさんの環境要因があり，よくも悪くもなります。

　しかしながら，自分の指示や説明の仕方，確認の仕方など指導方法を振り返る習慣がないと，実力は向上しづらいものです。

ここがポイント！

□ 「言葉の地図」を共有する（大事な言葉だと思うものは特に）
□ 指導方法を常に振り返る

67

27 教えたことがバッチリ定着する 「評価と確認」のシステム

> できてもできなくても，その都度，評価と確認をすることが大切。ささいなこと
> とほうっておくと……取り返しがつかなくなります。

■ 事例1　すぐに騒がしくなるクラス

　ある日の朝の会。「大事な話をします。集中して最後まで聴きましょう」

　話し始めます。2分ほどたちますが全員静かに聴いています。途中，数名がよそ見をしたり，寝そべるような姿勢で聴いたり，少しふざける子もいましたが，説明する分には問題ないので最後まで説明しました。説明後，全員が理解できていたようなので，すぐに1時間目の授業に入りました。

　数か月後。話し始める前から騒がしく，なかなか静かになりません。そのたびに叱って静かになりますが，またしばらくするとすぐに騒がしくなります。

　「あぁ，どうして人の話を静かに聴けない子たちなのだろう。思春期に入る時期だから仕方がないか。素直に話を聴きやしない」

■ 事例2　しっかり集中できるクラス

　朝の会です。「大事な話をします。集中して最後まで聴きましょう」

　話し始めて1，2分ほどたち，全員静かに聴いていたので評価しました。

　「はじめに言ったように，集中してしっかりと聴いてくれてうれしいです」

　さらに全員が真剣に聴くようになりました。最後に確認しました。

　「それでは確認します。最後まで集中して聴けた人？　聴けなかった人？」

　子どもたちは全員が聴けた方に手を挙げます。

　「素晴らしい！　話を聴くことはとても大事なことです。そしてありがとう」

　数か月後。いつでも，全員が静かに話を聴くようになりました。切り替えも早くなりました。

「先生しつこいな」と思われても，大事なことを定着させるためには指導を徹底すべきです

評価と確認のメリット

　事例1と2の違いは一目瞭然ですね。評価しているかどうかです。評価することで，身に付けさせたいことが定着します。指導したことを学級全体に広げることができます。

・教えたことが定着する：できたらほめて，できなかったら指導します。この繰り返しで，指導内容が子どもに身に付いていきます。

・子どもが安心する：評価されることは，一見，子どもにとって息苦しく，厳しそうに見えますが，子どもは善と悪が明確にわかるので安心します。学校において，何が正しく，何がいけないか，はっきりと示すのは先生の役目です。

　評価と確認は，それを行うことのメリットも大きいのですが，実はそれ以上に，評価，確認しないことのデメリットの方が大きいのです。なぜなら，まじめにやっている子を評価しないと，その子たちがやらなくなるからです。そのうえ，やらなかった子たちに対する叱責を一緒になって聞かされるので，損した気分になります。まじめにやっている子をしっかりと評価することで，その行動を強化できます。「先生がほめた。やはりこれは正しいことなんだ。続けよう」となるからです。

　□ 指導の最中でも子どもが望ましい姿だったらすぐに評価する
　□ 指導後は必ず評価，確認をする
　□ 当たり前のことをがんばっている子を必ず評価する

69

基礎・基本

授・業

行・動

思・考

笑・顔

心に届く

先・生

保護者

使い分ければ子どもの判断力もアップ
「振り返り評価」と「具体的評価」

「振り返り評価」と「具体的評価」は，どちらがよい，悪いというわけではありません。それぞれのよさを知って使い分けることが大切です。

次の4つの事例を分類してみましょう

事例1「静かに教室を移動することができました。他の学級のことを配慮できており素晴らしいです。ぜひ続けましょう」

事例2「教室移動素晴らしかったですね。みなさんが完璧にできていたことは何ですか？」

事例3「ストップ！　やりなおしです。どうして授業中にもかかわらず廊下でしゃべるのですか？　他の学級に迷惑がかかります。次は静かに移動します」

事例4「ストップ！　やりなおしです。どうしてやりなおしか，わかる人？」
上の4つの事例は2つのパターンに分けられます。考えてみましょう。

おいしいところは，子どもの口から

　青森県の佐藤康子氏，群馬県の深澤久氏が著書の中で主張していることがあります。それは，先生が教えたいことを直接に教えずに，子どもに気付かせて子ども自身の口から言わせるということです。「おいしいところは，子どもの口から」です。事例2と事例4がそれにあたります。よい点をほめるときも，改善点に気付かせるときも，同じ原理です。問いかけて，「何がよかったのか」「何がいけなかったのか」と思考を促すのです。

「子どもが振り返る評価」（間接評価）のよさ

・自分の行動について思考をともない振り返るようになります。したがって行動が改善していきます。思考する習慣が身に付きます。

すばらしい！
何がよくできていたか
わかった？

○○○○○○が
よくできていました！

どちらのほめ方の方がよい，というわけではありません

・注意深くなります。友達や全体の様子を観察するようになります。そして
　友達のよいところを発見し，それを真似るようになります。

■ 「先生が具体的にほめる評価」（直接評価）のよさと注意点

　事例2や4のよさを先に伝えましたが，事例1や3がダメな評価の仕方で
あるわけではありません。
・具体的に何がよくて，ダメなのかすぐに理解できます。善悪の判断をきち
　っと教えられていない学級，子どもの中に大きな力関係のある学級では大
　変有効です。先生がビシッと言うことで，正しいことが何なのか，子ども
　たちと共有できるからです。
・思考するのが苦手な子，時間がたってからだと忘れてしまいやすい子にと
　ってはその場ですぐに理解できるので安心します。
・短時間ですみます。忙しいとき，時間がないときに，パッと明確に良し悪
　しを伝えることができます。
・ただし，先生がいつも指摘してばかりいると，自分の頭で考えたり，自分
　の目で見て判断したりする力が育ちにくくなります。

> **ここが
> ポイント
> ！**
> □ 問いかけることで，自分で判断できる子を育成できる
> □ 先生が具体的に評価することで，学級の中で善悪が明確になる
> □ 状況に応じて2種類の評価方法を使い分ける

29 給食中の騒がしさとさよならできる「感謝タイム」

給食指導中，ちょっとした一言で静かに行儀よく食べることができるようになります。

■ 給食開始の５分間は「感謝タイム」

　A先生の教室です。準備からいただきますまで10分かかりません。協力し合いながら準備できています。そして給食。当番の子が言います。

　「今日は給食を作ってくれた調理師さんたちに感謝をして食べましょう。５分間は『感謝タイム』です。いただきます」「いただきます！」

　子どもたちは静かに，行儀よく食べています。

　５分間が過ぎました。ここで，残飯を減らすために分けたり，お代わりしたいものを取りに行ったりします。楽しい会話も同時に始まります。

　20分ほどたちました。準備が速いため，ゆっくり食べることができます。残飯は少なく，片付けがとてもきれいだとほめられます。

■ 給食指導で身に付けたい３つのこと

　①感謝　②食事のマナー　③バランスのいい食事

　これらのことを意識して初任の頃から心がけてきたことがあります。それが「感謝タイム」です。

　「感謝タイム」の時間は，動植物，生産者，輸送者，調理者，給仕者，保護者など，給食にかかわるすべての人，生き物やモノに対して「ありがとうございます」の気持ちを込めて食べようと話します。これは４月の当初に指導しておくことです。道徳でも何度か取り上げます。感謝を形にしたものとして感謝タイムを設けます。最初の５分間は，集中して食べます。

　「話しながら食べるのは悪いことではなく，とても自然なことです。ただ，しゃべることに夢中になりすぎて，本当は食べられるはずのものを残してし

最初の5分間はみんな
集中して食べます

まったことはありませんか？　それでは給食にかかわった人たちはどう思う
でしょうか。だから最初の5分間だけは静かに集中して食べましょう」

このような趣意説明をすることで理解して子どもたちも実践できます。

しゃべってばかりいて残す子には，「食べるお口もしゃべるお口も同じ。
お口は一つ。だから今は，食べるお口だけ使おうね」と伝えます。これで子
どもはハッとして静かに食べるようになります。

■ 片付け方に人柄が表れる

片付け方も指導します。きれいな片付け方の写真を掲示しておけば，「こ
の通りにきれいにしてごらん」ですみます。趣意説明は以下の通りです。

「やさしさ，誠実さ，感謝は思っているだけでは伝わりません。行動する
こと，形に残すことによって初めて相手に伝わります。だから行動して示し
ましょう」

きれいに片づけていたら，学級通信で紹介したり，調理師さんに声をかけ
てほめてもらったり，担任がしっかりと評価します。汚ければ，もちろんや
りなおしです。

ここが
ポイント
！
□ 感謝タイムの趣意説明をし，なぜこの実践をするのか目的を共
有することで子どもたちのモチベーションを高める

30 質問タイムが盛り上がらない原因は「クローズドクエスチョン」にあり

> 「はい」か「いいえ」で答えられる質問は、事実確認や、何かを明確化するときには便利ですが、話を広げたり深めたりできません。

■ 夏休みの絵日記発表会の質問タイムで

初任者の頃、夏休みの絵日記の文章を子どもたちにスピーチさせる、発表会をしました。せっかくなので、発表後に質問タイムをもうけ、聴いている子どもたちに質問をさせました。

質問する子「キャンプで作ったカレーはおいしかったですか?」

発表した子「はい、おいしかったです」

ち〜ん。

「おいしかったから絵日記に書いたに決まってるじゃん! なんて当たり前の質問をするの! まぁ小学生だから仕方がないか」

このときは自分の指導力不足だとは気付きませんでした。

■ がんばったことスピーチの質問タイムで

今度は、今学期にがんばったことを発表する会での場面です。ここでも、終わってから質問タイムをとりました。

質問する子「運動会は楽しかったですか?」

発表した子「楽しかったです」

しーん。

「どうして、この質問タイムっていつも退屈でつまらないんだろう。なんか、教室の空気がどよ〜んとするんだよな」

いい加減、自分の質問の仕方の指導のまずさに気付くべきでしたね。

おいしかったですか？

はい

ち——ーん

……

質問タイムでよくある光景……です

盛り上がらない原因は質問の仕方に

　この2つの事例，なぜ質問タイムが盛り上がらなかったのでしょうか。その原因は，質問の仕方にあります。

　質問には2つのパターンがあります。オープンクエスチョンとクローズドクエスチョンです。この2つの事例では，どちらもクローズドクエスチョンによる質問パターンになっているのです。

　クローズドクエスチョンとは，簡単に言うと「はい」か「いいえ」で答えられる問いのことです。

　「あなたはパラグアイ人ですか？　それとも日本人ですか？」
というように二者択一の問いもそうです。

　事実を確認したり，何かを明確化したりする場合には便利です。しかし，話を広げたり，深めたりするのには適していません。

ここが
ポイント
！

　□ 質問タイムを設ける前に質問の仕方の指導をする
　□ 「はい」「いいえ」で答えられる問いは話が広がらない

基礎・基本

授業

行動

思考

笑顔

心に届く

先生

保護者

31

多様な答えで質問タイムが盛り上がる「オープンクエスチョン」

5W1Hを聞くオープンクエスチョンは，充実した質問タイムに。おすすめの質問シリーズも覚えておきましょう。

■ 校外宿泊学習のグループ発表会の質問タイムで

校外宿泊学習のグループ発表会のあとにもうけた質問タイムの場面です。

質問する子「班行動の際に行った場所の中で最も印象に残っているのはどこですか？　一人ずつお願いします」

発表した子「和紙工房です」「○○博物館です」「牧場です」

質問する子「たとえば牧場では何をしましたか？」

発表した子「わさびソフトクリームを食べました」

質問する子「他にどんなメニューがありましたか？」

発表した子「ふつうのソフトクリームとチョコ味。あとヨーグルト，飲むヨーグルトがありました」

質問する子「いいなぁ。いいなぁ。行きたかったなぁ，うちの班も」

発表した子「あと僕たちは食べなかったんですけど，5班の○○さんは……」

制限時間まで充実した質疑応答が続きました。

■ 話題がどんどん展開する質問パターン

今回の質問タイムはなぜ盛り上がったのでしょうか。それは，質問のパターンがオープンクエスチョンだったからです。

オープンクエスチョンは思考が必要になり，多様な答えが出る問いのことです。5W1Hがその代表的な例です。

When, Where, Who, What, Why, How

これらについて聞けば，話が広がったり深まったりしていきます。

```
 L.?     ?      ?     [?]    ?✎     ?/m
(WHEN) (WHERE) (WHO) (WHAT) (°WHY) (HOW)

        5W1H
```

話題が展開するポイントは5W1Hにあります

■ おすすめの質問シリーズ

1番を聞くシリーズ

「何が一番おいしかったのですか？」

「何が最も楽しかったのですか？」

「どこが最も印象に残っていますか？　その理由は？」

掘り下げるシリーズ

「特に心に残っているのはどこですか？」

「特に努力したり工夫したりしたところは？」

「〜と言っていましたが，具体的に〜？」

話を広げるシリーズ

「他にはどんな〜？」「たとえば〜？」

数字を聞くシリーズ

「どのくらい〜？」「いくつくらいの〜？」

　これらの質問シリーズを教室に掲示しておくと，いつでも使えて便利です。

□ 学期当初にオープンクエスチョンを指導して定着させる

□ 掲示物にするといつでも確認できて便利

□ 問い方によりコミュニケーションが全く違うものになることを
　子どもに考えさせる

77

32

「スケーリングクエスチョン」で振り返り力を高める

まずは目標を明確に！ 目標がはっきりしたら，自分はどこまで達成できたか，何をすれば目標に近づけるか，数値化するとはっきりします。

スケーリングクエスチョンで点数化する

スケーリングクエスチョンとは，心理学，特にカウンセリングやコーチングで使われる手法の一つです。理想に照らして，今自分がどこまで到達しているのか，現状を点数で表します。

感覚を数値化することにより，成果や原因を具体的に表すことができるようになり，「なんとなく〜」という状態から「〜だから〜」と理由を説明できるようになります。具体的に説明できると，改善策，解決策が見えてきます。

スケーリングクエスチョンは，授業における技能・表現系の学習ではほとんどの場面で活用できます。学級目標の振り返り，運動会の民舞以外に，朗読，歌，プレゼン，マット運動，毛筆書写などにおいてもおすすめします。

目標（理想像，完成のイメージ）を明確にもたせる

今の自分の点数が何点かはかるためには，基準となるものさしが不可欠です。そのものさしが目標です。目標とは具体的なイメージのことです。たとえば側転なら，手と足のつく位置や向き，腰と足の上がり具合，顔や視線の方向などにおいて，10点満点がどのような動きであるかというイメージをしっかりともたせておく必要があるということです。

スケーリングクエスチョンは，子どもの「知りたい」「吸収したい」「高まりたい」という思いを大切にしながら，子ども自身が考えたり，説明したりするアウトプットを保障できるところがおすすめポイントです。

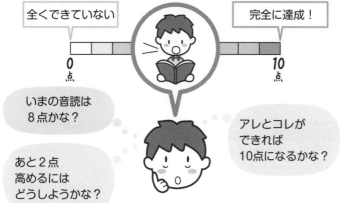

今学期の目標を
10点満点で採点
し，目標点数を
定めて，それに
近づくために何
をすればよいか
を具体的に考え
ます

■ 「指摘する」よりも「引き出す」を意識して

　人は自分のことは自分で決めたいという欲求があります。人から一方的に
指示されても，なかなか腑に落ちないことがありませんか。人（先生，親，
指導者など）はよかれと思って指摘したり，教えたりするのですが，相手に
変化が起こらないということが少なくありません。脳にはオートクラインと
いう働きがあり，自分の頭で考えたり，人と会話したりアウトプットするこ
とを通して，自分の得たい情報を中心に受け取るという特性があるのです。

　もし，先生が考える改善点を子どもが自覚していない場合，まずは子ども
が考える改善点を聞いてから質問します。「2つの改善点が出て素晴らしい。
まずはその2つを練習してみますか？　あるいは先生からの意見も聞いてみ
ますか？　どちらでも問題ないですよ」。子どもが「知りたい」というメッ
セージを発していないときに指摘しても，入らないことがあります。「聴き
たいです！」ときたとき，スパッと短く説明すればスッと入っていきます。

ここが
ポイント
！

□ 端的な指示を常に意識する
□ 数字を入れて見通しをもたせる

33

相手の心の中の本当の願いを聞く 「ミラクルクエスチョン」

相談に来る本人自身もどうしたいのかわからないことがあります。解決策を考える前に，まずは問題の根本をはっきりさせましょう。

■ 話は聴いたけれど，結局どうしたらよいのかわからない場合

子どもが相談しに来たとします。

ずっと耳を傾けていました。傾聴です。どうやら高学年女子特有のトラブルのようです。しかし，事情がいろいろ複雑で，なかなか本人もどのようにしたらよいのかわかっていない状況です。

保護者との会話でも似たような経験がありませんか。不安なこと，あるいは不満なことがたくさんあるのはよくわかるのですが，実際どの問題を解決したいのか見えない場合です。

本人がわからないので，こちらもどのように解決策を提示したり，助言したりすればよいのかわかりません。相手の本当のニーズがはっきりとしていないからです。

子どもの生活指導でも，保護者との教育相談でも，相手のニーズをつかむところからスタートします。相手の目指すゴールを共有できて初めて，一緒にそのゴールに向かって協力することができるからです。

■ いったい自分はどうしたいのか

こんなときに使えるのが，ミラクルクエスチョンです。相手の心の奥の願いを把握するために有効な質問法です。たとえば，子どもに対して次のように質問します。

「もしも明日朝起きて，奇跡が起きて，すべての願いが叶うとすれば，まあ，ドラゴンボールで言うところのシェンロンだよね。もしもシェンロンがいるとしたら，どんな願いを伝えたい？　どういう状況になっていればワク

何でも
願いを
かなえましょう

どうしたいのかを言語化してみましょう

ワクする？」

　う〜ん，と考えます。すると，ポツッと何か一言言います。

　それが本当の願いです。

　今まで相談の中でいろいろな話をしてきました。しかし，頭の中がごちゃごちゃの状態でした。どれだけ悩んでいるのか，どれだけモヤモヤしているのかは十分わかりました。しかし，そのモヤモヤを解消するためには，何か行動が必要です。しかも，問題の枝葉の解決ではなく，できれば根っこから解決できた方が，より深く安心できます。

　ミラクルクエスチョンは，「いったい自分はどうしたいのか」本人がよくわかっていない場合に言語化する手法です。

　相談者のニーズを把握する方法の一つですから，保護者との面談でもぜひ使ってみてください。

□ まずは傾聴して，安心感，信頼感をつくる
□ ミラクルクエスチョンを通して，より根源的な問題を探ることにより，解決の糸口がつかめる

34

子どもに問いを出して考えさせる
「説明5割の法則」

> 伝えたいことすべてを先生の口から説明しようとしていませんか。丁寧に説明すればするほど，実は逆効果なのです。

■ 上手な説明って？

　私は初任者の頃，上手な説明とは伝えたい情報をわかりやすく丁寧に子どもに伝えられることだと思っていました。具体的には，伝えたい情報が10あるとすれば，その10の情報を教師である私が口頭で伝達することだと考えていたわけです。

　ところが，私ががんばって「上手に」説明しようとすればするほど，子どもは退屈になり，集中力が切れ，手を動かしたり，私語をしたり，私の話をしっかりと聴かなくなったのです。私が丁寧にすればするほど，逆効果でした。いったい何がよくなかったのでしょうか。

■ 子どもは能動的な存在＝考え言葉にすることで学ぶ

　当時の私は，子どもを受動的な存在だととらえていたのです。教師がもっている情報を子どもに伝えることこそを説明だと思っていました。あるいは，授業の目的であるとさえ思っていたかもしれません。

　しかし，勉強したり，経験を積んだりする中で，子どもは能動的な存在，すなわち自分の頭で考えてそれを言語化したときに，大きな学びを得られるのだと気付きました。

> 　先生が説明する部分と，先生が問いかけて子どもに考えさせる時間を分ける

　10の情報量を伝えたいときに，10を先生が伝えなくてもよいということで

お	か	し	も
押さない	駆けない	しゃべらない	戻らない

避難訓練の合言葉も子どもたちに考えさせます

す。説明＆問いかけ＆説明＆問いかけを繰り返し，５を説明し，問いかけを通して残りの５を子どもの口から言わせればよいのです。その方が集中するし，よく理解できます。

　たとえば避難訓練で，「お，か，し，も」を教えるとします。

　そのときに，「おかしも」の内容と理由を先生が説明するのではなく（１年生は除く），「訓練で気を付ける４つの大事なことはなんですか？　近くの人と相談します」と言って話し合わせます。そして指名します。「おかしも」についてその子に説明させます。

　次に「なぜ『おかしも』が大事なのですか？　理由をペアで話し合います」と言って，また指名すればいいのです。先生が説明し続けるよりもずっと集中しますし，頭に残ります。

　あと，すべて口頭で説明するのではなく，絵や図で示したり，ポイントとなる言葉を書いたりして，視覚的にも伝わるよう工夫します。というのも，子どもによって聴覚優位，視覚優位，体感覚優位の子がいるからです。

　すべての子どもをカバーできる説明（問いかけを含む）ができることが望ましいですね。

□ 伝えたい情報量10のうち，先生が話すのは５以下を意識
□ 残りの５割は問いかけ，考えさせ，子どもの口から言わせる
□ 聴覚，視覚，体感覚それぞれに合った説明の仕方を工夫する

35 クラス全員を平等にほめる「ほめるシステム」

笑顔

> ほめるシチュエーションとタイミングは？　ほめる観点をもっていますか？　特定の子どもばかりほめていませんか？

ほめる五題

　初任者の頃，「ほめる」ということについてさまざまな立場の人から意見をもらいました。5つの事例をご紹介します。

①ある子「先生がたくさんほめてくれるからうれしい」

　ある保護者「西野先生はほめてくださるから本当にうれしいみたいで。他のお母さんたちも言っていますよ」

　私（なるほど。よかったよかった。ほめるって大事だよなぁ。でも，ほめられるからやる気を出すってことは，私がほめなくなったらやらなくなってしまうのかな？）

②ある保護者「先生，うちの子が，先生はほめる子とほめない子の差が激しいと言っていましたよ」

　私（え～，そんなぁ。平等にやってるって！　わかってちょうだいよ～！）

③ある同僚「ほめるシチュエーションとタイミングって大事だよ」

　私（そうだよなぁ。でも，よくわからないんだよなぁ）

④ある同僚「西野さんは，ほめる観点ってもってる？」

　私（？　その子のよさ？　望ましい言動？）

⑤ある子「先生ってさ，自分の気に入る行動をする子をほめて，それをみんなにやらせようとしてさ，だからそれに従えない私とかだと疲れるんだよね。無理してほめられようとして，やりたくないことやろうとがんばってさ……」

　私（……）

「ほめる」は意外と
奥深いです

ほめるシステム

　そこで「ほめる」ことについて考えました。悩みながら，自分なりの答え
を出そうとしました。同時に，コーチングや心理学も少しだけ勉強しました。
その結果，次のような結論にいたりました。

　「ほめるシステム」を構築して，時間と量は平等に，そして質だけは一人
一人変えてほめよう！

ほめるシステムのキーワード

　一人一人を大事にしたい。＝一人一人のよさを伸ばしたい。

　一人一人のよさを伸ばしたい。＝自尊感情を高めたい。

　自尊感情を高めたい。＝自信をつけ，やる気を引き出したい。

　どうせやるのだったら，教師と子どもの１対１関係で完結させてしまうの
ではなく，学級の全員，保護者も巻き込みたい。

　全員に同じ量で平等にほめたい。

　子ども自身が自分のよさになかなか気付いていないことがあるため，子ど
もが自覚している長所を伸ばすとともに，自覚されていないよさも伝えたい。

　これを実現する実践が「不意にほめらレター」です。

ここが
ポイント
！

　☐ 時間と量は平等に，質は一人一人変えて

36 「不意にほめらレター」実践のための 「座席表ファイリング」

> クラス全員分のよいところを書きためるには，気付いたらすぐ書ける状況をつく
> っていくことが大切。座席表はうってつけです。

■ 「不意にほめらレター」の事前準備

「不意にほめらレター」の実践は，拙著『子どもがサッと動く統率のワザ 68』でも紹介していますが，ここでは一人一人の子どもたちのよいところを書きためていく方法をご紹介します。

バインダーにＡ４判の座席表を10枚以上挟んで常に持ち歩きます。子どものよいところや気付きを発見するたびに，座席表に記入していきます。たまに，あえて机上に置きっぱなしにしてもよいです。子どもはワイワイ言いながらのぞいてきます。

「ほめるシステム」構築のためには，向山洋一先生が書かれていた「放課後の孤独な作業」を行います。放課後，一人一人に思いを馳せ，よさ，成長したところ，がんばっていたところを書いていきます。毎日20分間です。長所を思い切り書きます。同時に，その子が改善したいこと，伸ばしたいと願っているところをねらって書いていくこともしました。

■ 「不意にほめらレター」の実践

前著では，学級通信への掲載や，直接子どもに伝える方法をご紹介しました。他にも個人面談や家庭訪問，通知表でも活用できます。

一人一人の子どもに対して，日頃書きためたよいところ探しの座席表が蓄積されているため，個人面談や家庭訪問での保護者との会話の中で，その子どものよさをよどみなく，自信をもって伝えることができます。清書して渡すとなおよいでしょう。

また，通知表の所見でも活用できます。日頃書きためておくことで，「こ

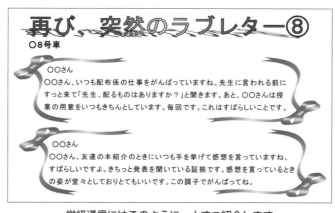

学級通信にはこのように一人ずつ紹介します

の子，書くことがな〜い」ではなく，「書くことが多すぎる。どれを削ろうか」となります。

子どもたちにとっても印象的な体験

「わたし小学校の先生になって，子どもたちに不意にほめらレターを読むの」

私が1年生の担任をしていたときに，ある子どもから言われた言葉です。

この子にとっては，「不意にほめらレター」の実践が強く心に残ったようで，将来自分も先生になって，同じように子どもたちに「ほめらレター」を読みたいと思ったようです。この子が本当に教員になるかどうかはともかく，中学生になった今も，夢は小学校教員とのことでした。

「ほめない方がいい」「ほめるならユーメッセージよりも，アイメッセージで」などほめることについてたくさんの考え方がありますが，あまり難しく考えず，またほめ方のテクニックに走らず，純粋に「いいなぁ」と思ったことをほめればよいと思います。人間だれしもほめられればうれしいものです。

□ 成功の秘訣は事前準備。一人一人のよさを把握すること
□ 座席表のコピーをたくさん用意し，毎日子どものよさを書いていく

37

子どもが力を発揮できるプラス言葉「〜にこしたことはない」

> 先生もついつい本気になってしまう行事指導。でも，ちょっと冷静になってリラックスしてみませんか。

「〜でなければならない」→「〜にこしたことはない」

学習発表会，学芸会，音楽会，運動会，スポーツの試合，卒業式……
教育現場には子どもたちが自分の力を発揮する行事が多々あります。

練習においても，本番前においても，先生が子どもたち全体に声をかける機会があるはずです。そんなときにおすすめしたいのが，この言葉かけです。

「〜できなくてはいけない」よりも「〜できるにこしたことはない」

「〜でなければならない」よりも「〜にこしたことはない」

行事になると先生たちは強い言葉で指導しがちです。

しかし，先生方の理想を子どもたちと共有しつつも，その理想を強要しないである程度のゆとりをもって指導した方が，結果的にうまくいくことがあります。

具体的な言葉かけで見てみましょう。

◎成功するにこしたことはない。　　×成功しなければならない。

◎勝てるにこしたことはない。　　×絶対に勝たなくてはダメ。

完ぺき主義を目指しすぎない方が完ぺきに近づく

「〜ねばならない」よりも「〜にこしたことはない」と言う方が子どもはダイナミックに動けます。先生からの強制や圧迫感がなく，活動そのものを楽しむことができるのです。プラスの言葉により自然と力が抜けてリラックスし，いいパフォーマンスを発揮できるようになります。完ぺき主義を目指しすぎない方が，反対に完ぺきに近づけるという逆説がここにあります。

もし行事指導している最中に，練習に参加したがらない子，周りの子ども

リラックスした方がよいパフォーマンスが発揮できるものです

たちに迷惑をかける子など，気になる子どもがいたら，個別に話を聞けばよいのです。

先生自身も自分を肯定できる

「～にこしたことはない」は，子どもたちだけでなく先生方自身にとっても効果的です。

教材研究，研究授業，保護者対応，行事指導など，先生方にはやることが山積みです。その一つ一つを「完ぺきにしなくてはいけない」と思うのではなく，「完ぺきにできるにこしたことはないけれど，これだけがんばっているのだから大丈夫」と自分を肯定できる言葉になるからです。

□ 理想は子どもと共有しながらゆとりをもって指導する
□ 自分自身を肯定できるようにする

38

子どもの自尊感情を高めるプラス言葉「〜すると〜できるようになるよ」

日常指導は毎日のこと。知らない間に，日々マイナス言葉で子どもたちにプレッシャーを与えていませんか。

■ 「〜しないと〜になってしまうよ」→「〜すると〜になるよ」「〜だと〜しかできなくなるよ」→「〜すると〜できるようになるよ」

具体的な場面に置き換えてみます。

◎「毎日10分間，漢字練習するとどんどん漢字が身に付くよ」

×「毎日，漢字練習しないと，漢字が書けなくなってしまうからね」

◎「早いうちから計画的に準備をしておくと，とても充実した会になるだろうね」

×「早いうちから計画的に準備しないと，会はうまくいかないで失敗すると思うよ」

◎「○○くんも，友達の話を聴いてやさしくしてあげれば，もっと楽しく遊べるかもしれないよ」

×「○○くんが，友達の話を聴かないと，楽しく遊ぶことはできないよ」

言っている内容は同じですが，伝わり方が違いますよね。

■ マイナス言葉は子どもたちのプレッシャーに

日常指導でも，マイナスの言葉よりもプラスの言葉を使うように意識します。

事例にあるように，「〜しないと〜になっちゃうよ」という「脅す」「不安にさせる」「追い込む」言い方は，先生方だけでなく，保護者の方もよく使われています。

このようなマイナスの言葉をかけられ続けると，子どもたちは常にプレッシャーをかけられているような気がして落ち着きません。

あなたはどちらの言葉かけをしていますか？

結果だけでなくプロセスを楽しむ指導を

　行事指導などでも，私たち教師は子どもたちに強い期待をもっているため，ともすればついついきつめの言葉をかけてしまいがちです。

　もっというと「あなたたちの結果が私たちの指導の結果なのだから，私たちのためにもしっかりやりなさい」という思いから，子どもたちに対して脅しめいたことを言う先生もいます。

　ところが，実際に，行事は子どもたちを伸ばすためにあります。そのためには強い言葉で子どもを縛るのではなく，理想は共有しつつもそれを強いずに，あくまでも活動のプロセスを楽しみながら自分を伸ばせるように指導方法を工夫します。子どもたちは思っている以上にがんばっていますし，緊張しているのです。

□ マイナス言葉は子どもにプレッシャーを与えてしまう
□ プロセスを楽しむことも大切

基礎・基本

授業

行動

思考

笑顔

心に届く

先生

保護者

91

39 子どもを応援するプラス言葉 「5cm近づいた！」

> 毎日通う学校，クラスが楽しければ，自然とがんばることができます。よい雰囲気，よい人間関係は毎日の積み重ねでつくられます。

■ 「おしい！」→「5cm近づいた！」

だれかが目標に達しなかったとき，よく私たちは「おしい！」を使います。応援する意味を込めて使います。

しかし「おしい！」は自尊感情の低い子に対しては，あまり応援の言葉にはとらえられないことが多いようです。

そこで，プラスのストロークで具体的にフィードバックするよう心がけます。次のような「おしい！」場面で，できれば以下のように言い換えるとよいでしょう。

- ・バスケのシュートを外したときは「あと5cmまで近づいた！」
- ・国語の書く指導で誤字脱字があっても「たくさん書けるようになってきたね〜！　すごいね！」
- ・算数の100マス計算で「目標まであと3秒！　わぉ！」

■ 「一番前の人，取りに来て」→「今日一番ラッキーだと思う人，取りに来て」

プリントを配付するとき，列ごとに人数分を置いていく方法が一般的です。私もよく行いますが，少しだけ教室が楽しくなるように工夫します。

「班で，最も○○な人，プリントを人数分取りに来ます」

「班で，将来モテモテになりそうな人，どうぞ」

「班で，リアクションが一番いい人，配付物をお願いします」

「班で，今日一番ラッキーだと思う人，1人」

意図的に，班の友達同士で会話数を増やす仕掛けです。ちょっとしたコミュニケーションを増やして仲良くなります。ちょっとした会話の積み重ねが，

応援するときは具体的なフィードバックで

人間関係をつくっていきます。取りに来たら，先生が一言突っ込んで，さらに笑いを誘います。

笑顔を増やす，広げる

　プラスの言葉とセットで大事なのが笑顔です。「どうせ生きているんだったら笑顔でいた方がいい」という言葉を聞き私は救われたことがあります。これは学級，学校でも言えることです。

　笑顔の効用の一つに，周囲の人の幸福度を高め，元気が伝搬していくことがあります。先生方にとって周囲というのは，子ども，同僚です。

　笑顔でいると，人が寄ってきます。声をかけやすいからです。子どもは心を開いて悩みなどを語ってくれます。同僚からはアドバイスをしてもらったり，助けてもらったりすることが増えます。

ここがポイント！
□ 自尊感情を高める言葉を使う
□ 日頃の笑顔がいざというときの助けに

40 思い込みから脱却する魔法の言葉「どうした？」

> おしゃべりしている子を見たら思わず注意をしたくなってしまうもの。でもその子は本当に授業と関係ないことを話しているのでしょうか。

■ 授業中に私語＝教師として馬鹿にされているのでは？という恐れ

　初任者の頃の授業中。教室の後ろの方の席で２人の子が何か話をしています。小さな声なので，周りに迷惑をかけるほどの音量ではありません。

　しかし私にとっては，説明中に２人のおしゃべりをする姿がチラチラ視界に映るので気になります。また，授業中に私語をする子が増えると学級崩壊するのではないかという恐怖と不安があったので嫌でした。

　「教師として馬鹿にされたくない。毅然とすべきだ」という思いがグッとこみ上げてきて次のように言いました。

　「ほら，そこの○○さんと△△さん！　さっきから何を話しているの！授業中なのにおかしいでしょう。説明しているんだから，静かにしなさい！」

　２人は不満気で少しふてくされた様子でした。

■ 口に発する前にいったん立ち止まる

　こんなとき，どのように対応すればよかったのでしょうか。

　まず教師であれば，私語している姿を見ると，必ずピピッと次の言葉が浮かぶはずです。「おしゃべりしているぞ」「何を話しているんだ」「静かに聴くべきだ」「おかしい」

　ここでちょっと立ち止まります。自分の思い込みを疑ってみせるのです。

　次のように自分に問いかけます。「本当にただのおしゃべりかな」「授業に関係のある話かもしれないな」

　そして自分に言い聞かせます。「まずは落ち着こう」「無の境地から見よう。

注意したいのをグッとこらえて，まずは落ち着きましょう

聞こう」。そしてたずねます。やさしく落ち着いて「どうした？」

　すると，子どもは話していた内容や理由を話します。授業に関係ない話を
していた場合には「あ，すみません」と謝ってくるはずです。

　子どもは大人が思っている以上に，まじめで素直です。大人が落ち着いて
「どうした？」と聞けばスッと自分の思いを言います。反対に，大人が怒り
口調で決め付けると，子どもは「は？　ウザ」となります。

子どもを信じ切れなかった自分

　冒頭の子どもも，後日私にそのときの胸の内を語ってくれました。

　「……この間，授業中に△△と話していたときだって，私たちは授業の内
容について，わからないからちょっと確認していただけなのに，いきなり
『授業中にふざけるな』って怒り始めてさ，私だってちゃんとやっているん
だからさ！　どうして……」

　ハッとしました。言葉になりませんでした。一瞬で頭が冷静になり，これ
まで私がいかに自分の思い込みで決め付けていたのかがわかりました。

□　決め付けて叱る前に，笑顔で「どうした？」

41 「体験の共有＋言葉」で
やんちゃくんの心に届く

何度指導してもいっこうに変わらない子。そんなときは，まずは自分が変わって
みましょう。

■ 相手が変わらなければ自分を変えてみる

「死ね！」「ウザ！」と言ったり，友達を叩いたりしてしまうことのあるや
んちゃなＡくん。それに対して私は「やめなさい！」「友達の気持ちを考え
なさい！」と叱責を繰り返していました。私のやっていることは一般的な指
導と言えますが，いつまでたってもＡくんは変わりませんでした。

「これ以上同じことをしても何も変わらない。他にできることはないだろ
うか？」相手を変えるには，まずは自分を疑い変えてみる必要があるのです。

■ 視点を変えて言動を観察

そこで視点を変えＡくんをよく観察してみました。すると，Ａくんはずっ
と興奮したり，乱暴したりしているわけではないことに気付いたのです。
「Ａくんは乱暴をする子」という色眼鏡をはずしてみると，友達と協力でき
ていたり，乱暴せず楽しくコミュニケーションがとれていたり，これまで私
の中に存在していなかった新たなＡくんと出会うようになったのです。

ある日の昼休み。Ａくんは楽しく友達と遊ぶことができました。教室へと
戻る途中に声をかけます。明るく，温かく，サクッと言います。

　私「文句を言わずに，『やろうぜ！』って言ったじゃん！　乱暴しないで，
　　　やさしくしてあげられたね。先生，ほんと感動したわ」

　Ａくん（笑顔でうなずく）　私「今どんな気分？」　Ａくん「楽しい」

　私「そうだよなぁ！　楽しかったもんね！　また明日も遊ぼうな，Ａく
　　　ん」

この流れでスッと入りました。

視点を変えると新しいAくんがどんどん見えてきます

■ 伝えるタイミングが重要

　Aくんの事例では，楽しさを共有してそのあとにそっと一言ほめています。つまり，言葉だけ→体験の共有＋言葉 にしたわけです。

　言葉でいくら正しいことを伝えても，人は変わりません。

　「そんなのわかってるけど，できないから困っているんだよ！　こいつは何もわかってくれない」という思いを抱くだけです。そこで私が心がけたことは，Aくんを観察しながら一緒に楽しいことを体験することです。遊んだあとに一言ほめるという行動だからこそ，スッと言葉が入ったのだと思います。

■ 低学年にはメタファーがオススメ

　低学年の子どもに伝える場合には，メタファー（隠喩）を使うとスッと入りやすくなることもあります。

　「Aくんはどんどん心のポケットが大きくなってきているよ。友達にやさしくしたり，嫌なことがあってもがまんできるようになったりしている。これをカッコイイ言葉で言うと，『協力』って言うんだ」

　「心のポケット」は，私が学生ボランティア時代に指導していただいた楠正明先生がよく使っていた言葉です。子どもにとってイメージしやすい言葉は「人人言語」よりも理解がしやすいのでおすすめです。

> **ここがポイント！**　□「体験の共有と言葉のセット」で初めて言葉は力を生む

42

本人を否定せずに生活指導ができる「もしも〜」シリーズ

その子に直接「〜しなさい」「〜やめなさい」と言うのではなく，「もしも〜ならば」と間接的に問いかけてみましょう。

生活指導の難しさ

私が若手教師の頃，生活指導で困ったことが多々ありました。

子どもは問題を起こします。むしろ，問題を起こすものです。問題を起こし，それを解決していく過程の中で成長していくのです。

頭ではわかっていたつもりでしたが，なかなかそれが実践できずもがく日々が続いていました。つい，言いすぎてしまい子どもの自尊感情を傷つけてしまったり，子どもから反発されてしまったりすることがありました。

私は正しいことを言っているつもりだったのですが，何がいけなかったのでしょうか。

よくないということは本人が一番わかっている

正しいことを真っ向から叱責されると，子どもは立場がなくなります。

つらいです。なぜなら本人が一番自覚しているからです。そのうえでがみがみ言われるのは大変厳しいことです。

相手が変わることを信じ，その子の気持ちに寄り添いながら，生活指導していく方法を考えました。それが「もしも〜」のたとえです。

「もしも，Yくんが友達になるならどちらがいい？」低学年編

つい友達をぶってしまうYくんへの指導を例にします。

暴力はいけないと毅然と指導します。しかし，本人のことは否定せず受け止めます。そして問いかけます。

「○○くん，ちょっと聞いて。もしも自分が仲良く遊ぶならどっちの子が

客観的になると冷静に考えられるようになります

いい？　すぐに文句を言って人をぶつAくん。楽しく遊べる，やさしいBくん」

「Aくん」

「今の〇〇くんは，AくんとBくんのどちらに近い？」

「Bくん」

「じゃあ，これからどうすればいいかわかるよね？」

「もしも自分が〜〜だったら，どうしていると思う？」高学年編

　問題を起こしてしまった子と信頼関係があり，その子のことをよく知っていることが前提です。

　「〇〇くん，もしも〇〇くんが〜〜（尊敬している人やあこがれている夢）だとしたら，今回の場面でどうしていたと思う？　もしも〇〇くんの〜〜への思いが本気ならば，〜〜としてふさわしい言動がわかるよね？　応援しているから一緒にがんばろう」

ここが
ポイント
！

□ 直接指摘するのではなく，もしも〜で問いかけることで反発や相手を責めて自尊感情を下げてしまうことを回避できる

□ 行動は否定するが，相手の人格は否定しない

43

学級文集で記録にも記憶にも残る「卒業生への本気メッセージ」

一人の大人として本気で子どもたちに書いたメッセージを全文紹介！

卒業（年度末）ミニ論文集

卒業（年度末）前に，学級でミニ論文集を作ります。

ある有名実践家の先生から教わり，自分なりに改良したものです。

目的は学級の思い出を文章に残し，一人一人の成長を自覚させるためです。

また，一人の大人として本気のメッセージを送り，人生の節目にふさわしい思いを伝えるためです。

内容と構成

一人あたりＡ４用紙１枚です。鉛筆で濃く，丁寧に書かせます。綴じ代を３cmほど取っておくときれいに完成できます。

テーマは３つです。

①自分紹介

②クラス紹介

③先生紹介

学級文集

ある年の卒業生に向けて書いた文章です。

最後の配付物となりますので気合を入れて書きました。

卒業式の前日に配付し，読み聞かせます。

ここでは全文を紹介します。

全力で達成感を！　達成感から夢へ！！

私が君達に教えたかったことは，ただ一つ。

全力を出すということ。

当たり前のことに全力を出して取り組むこと。

私はその重要性を伝えてきたつもりだ。

しつこく，かつ全力で。

全力を発揮することで初めて「私にもできた！」，「ああ，楽しかった！」という達成感や充実感を感じることができる。それを味わってほしかったのである。

もっというと自尊感情を育ませたかったのである。

それはなぜか。なぜ，私はこれほどまでにこだわったのか。

全力に基づいた自尊感情こそが，夢への原動力になるから。人生を楽しくする薬となるからだ。

薬だから，これは苦い。飲みたくなくなるときもある。

しかし，この薬はとても効く。

しかもこの薬は，決して君をだましたりはしない。裏切らない。

なぜ，そう言い切れるのかというと，これが今の私自身を支えているからだ。私は中学，高校時代に大きな挫折を味わった。しかし，それを乗り越え，教師として生きがいを感じ，幸せな気分で今君達の前に立っている。

この原動力になったのが，自尊感情だ。

たった数年だったかもしれないし，休み休みだったかもしれないが，私は過去において全力を出して物事に取り組むという経験をしてきた。

全力を出したことによって「やった！　俺にもできるんだ！！」という自尊感情が心の内に培われたのだ。だから，挫折にくじけずここまで来ることができたのだ。

もしも，私が過去に全力を出さずに，「俺もやればできる！」という自尊感情をもつことができなかったとしたら，すなわち私の中で「どうせ，俺はダメだ」とか，「やっぱり難しい。これが俺の限界だな」という思いに負けてしまっていたら，教師になどなることなく，君達と出会うことは絶対になかっただろう。

あるいは，教師になっていたとしても，人に全力の大切さを伝え，教えられる人間にはなっていなかったはずだ。

自尊感情を育て，どうか楽しく幸せな人生を送ってほしい。

たかが12歳で自分の限界・才能を決めつけてしまってはダメだ。

才能を「逃げの言葉」として使ってはいけない。

君達の可能性は無限大だ！！

「どうせ，私には～～の才能ないし」，「俺には無理だ」，「これが限界だろう」というのは，がまん工，気付き工が磨かれていない証拠だ。

限界などありはしない。あるのはそれを口にする自分の"弱さ"，"楽をしたいという意識"だけだ。

このことは何度も教えてきた。

だから，全力を出してブレークスルーをしてくれ！　そして夢をつかんでくれ！！

全力を出せば，いつか突き抜ける瞬間がおとずれる。それが「やった！　できた！！」という達成感・充実感であり，自尊感情なのだ。

成長曲線はいつか，努力直線をうわまわる。

99回でダメかもしれない。

100回目でもダメかもしれない。

しかし，あきらめてしまえば，すべての成長はそこでストップする。

101回目の成功を目指して，全力を出すのだ。

では，何から全力で取り組めばいいのか？

自分の胸に手を当てて考えてごらん。すぐに答えは見つかるはずだ。

サッカー？　ピアノ？　ダンス？　料理？　勉強？

何でもいいだろう。

すべては，今の自分が答えてくれる。

しかし，君達の「今」と「夢」がつながっていることを忘れてはいけない。漢字を書く手とボールを投げる手は同じだ。

人の話を聴く耳と曲想を感じ取る耳は同じだ。シュートする足と起立するときの足は同じなのだ。

「夢」への捷径は，今目の前にある当たり前のことに全力を注ぐことだ。あいさつ，返事，目を見ること，礼，歌，掃除，相手の気持ちを考えること……。

これは徹底的に教えてきた。

目の前にある小さなゴミ一つ拾えない人間に，頭の中にある大きな夢など実現できるわけがない。

さぁ，君達は人生を楽しくする薬を飲み始めたばかりだ！

とび立て，未来の夢へ！　全力で！！

って，ここまで「全力，全力」と書き続けてきたが，常に全力を出し続けるのは実際には難しいことだよね。

　私だって苦しむことがある。しかも大人になったら，これまで以上の試練にぶち当たるだろう。

　たとえば，全力で好きだった人に失恋したり，全力で信頼していた友人に裏切られたり，全力で受けた大学に落ちたり，全力を認めてもらえなかったり……，さまざまな紆余曲折を経験するはずだ。

　「あぁ，疲れたな」，「全力。しんどいな」，「もう……」と感じたら，いつでも私に会いに来ればいい。

　私は喜んで話を聴くし，ときにアドバイスもするだろう。どんな相談でも受ける。

　そして，数年後，あるいは数十年後，自尊感情をたっぷりとたくわえ，社会人として一人前になったとき，ふと「小学校時代に，『全力，全力』って，うるさいやつがいたな」と思い出してくれたら，私はそれでうれしい。十分である。教師として本望だ。

　あっ，でもその折には，私を居酒屋に連れて行きなさい。

　今日までの，2年間の「俺たち」・「私たち」を語ろうや。

　みんな，素晴らしい思い出をありがとう。

　一生忘れない。

　西野学級の皆へ　感謝。

　2013年　桜咲く頃

　　　　　　　　　　　　万感の思いを込めて　　　西野　宏明

□　表紙のデザインに凝るとオシャレになり愛着が生まれる
□　卒業の前日に読み聞かせて，一人の大人として最後のメッセージを送る
□　1，2年間の思い出や努力の結晶を1冊にまとめることで，いつでも読み返せるし，読むたびに元気になれる

44 教師のメンタル管理の特効薬 「プラス思考」をつくる４つのポイント１

先生

> マイナススパイラルに陥っている人は要注意！ 自分がよい状態になることで，何が起きても受け止め方がガラッと変わります。

同じ学級，同じ状態でも異なる受け止め方になる

「どうして，この子たちはできないんだ。私はがんばって教材研究をしたり勉強会に行ったりしているのに，子どもたちががんばらない。だから自分の学級が伸びない。この子たちのせいで，自分の評価が低くなるのは嫌なんだ」

「半年でここまでできるようになったな。子どもたちも自分もがんばってきたな。みんなのがんばりを今日はほめてあげよう。課題はあるしすべて解決できるにこしたことはないけれど，また来週，来月に向けて，一つずつ取り組んでいければいいかな」

プラスに受け取るかマイナスに受け取るかは自分次第

上の２つの受け止め方。同じ学級で同じ状態であっても，自分の状態によってその受け取り方は大きく違ってきます。子ども，同僚，保護者から何かを言われたとき，失敗したときそれをどう受け取るかは，自分自身で決められるということです。自分の状態が，プラスに受け取るかマイナスに受け取るかを決めているのです。それはつまり相手の真実の姿，自分の本当の姿ではないということを意味します。

マイナス思考により，マイナス感情により，マイナスの解釈が生まれ，マイナスの印象を固定付け，マイナススパイラルに陥っているだけの話です。

常に自分がよい状態（幸せ，ワクワク，安心，心地よい）になっていれば，あらゆることが自分にとってプラスになってきます。では，自分がそんなよい状態をキープするにはどうしたらよいでしょうか。

同じ状態なのに，人によってプラスに感じたりマイナスに感じたり……

■ ポイント1　ポジティブな言葉（特に感謝）を癖にする

　人間は一日に4万〜6万回，言葉によって思考しているそうです。もちろん，心の中でつぶやいていることを含めてです。数万回発している言葉が，すべてプラスの言葉だったら自分の考え方，ものの見方はどうなるでしょうか。1か月で約150万回，1年で約1825万回です。そんな言葉のシャワーを浴び続ければ，どうやってもプラスに転換していきますよね。

　自分を勇気付ける言葉，好きな言葉，元気になる言葉を使う習慣を身に付けましょう。私は「ありがとう」を連発するようにしています。

■ ポイント2　自分をいたわる

　これが最も大事だと思っています。

　疲れをとるのです。休息です。疲れているときは仕事を最低限にします。

　休みの日のワクワク，ウキウキを大切にします。

　映画，料理，デート，サッカー，ランチ，登山，読書，カフェ，温泉，なんでもいいと思います。自分にいっぱい栄養を与え続けます。これでもかというくらい栄養を与え続けます。そうすると，活力がわいてきます。

□ マイナスもプラスも自分の解釈次第ということを頭に入れておく

45 教師のメンタル管理の特効薬 「プラス思考」をつくる４つのポイント２

> マイナス思考から脱却するのは，日々のちょっとした工夫。まずは自分を疑うと〜るから。

■ 自分のよい状態をキープする

「疲れていて全部がマイナスに感じるな〜」「自分って教師に向いていないのかなぁ」「しんどい！　周りは敵だらけ！」

たとえ今がそういう状態だとしても，必ず好転できます。

ちょっとした気のもち方，ちょっとしたものの見方の変化など，ちょっとした日々の工夫が自分の状態をよりよい状態にもっていき，学校の仕事が楽しくなっていきます。不都合なことが起きたとしても，それをすぐに糧にすることができるようになります。

先の事例で，自分のよい状態をキープするポイントを２つ紹介しました。ここでは，さらに２つのポイントをご紹介します。

■ ポイント３　自分のマイナス思考を疑う「本当にそうなのかな？」

疲れているときはマイナス思考になります。そんな自分に振り回されてはいけません。私はいつもマイナス思考のときの自分に対して言っている言葉があります。

「本当にそうなの？」「それは嘘かも」

これで，自分のマイナス思考から見えている世界が少し緩和され，「確かに，この人もそんなに悪い人じゃないかも」「この人から学べることは何かな？」と考える余地が生まれます。

■ ポイント４　大前提を信じる

管理職，同僚，保護者，子どもに対して，怒り，不信感，失望感，憎し

どんな先生も，はじめは夢や希望をもっていたはずです

み？の感情をもったとき，大前提に立ち返ります。

「この人が先生になったとき，どんな気持ちや夢があったのかな？　自分と同じようにやる気満々で，子どものためになりたい，よい教育をしたいって思っていたはずだ」

「この人が親になった瞬間って，どんな気持ちだったのかな？」

「この子はどんな思いをもって，学校に来ているのかな？」

相手がその立場になったときの当初のことを考え，想像すると，大前提として「みんないい人になりたがっていたはず」となります。

しかし，いろいろなことが積み重なり，今はそういうふうにしか表現できないんだと気付けるようになります。

疲れているときに心の余裕をもつのは難しいことです。ですので，前節でも述べましたがよく休むことが重要です。睡眠時間はしっかりと確保して，マイナス思考を緩和できるように調子を整えましょう。大事なのはマイナス思考に陥ってしまう状況を予防することです。

ここがポイント！

☐ よい状態を常にキープできるように工夫しよう
☐ マイナス思考に陥ったとき，自分の考えは正しいか疑おう

46

教師人生を一変させる一言「先生，教えてください」

ネットで手軽に情報を得られる時代ですが，やっぱり直接だれかから教わることに勝るものはありません。

教師力を高めるための最捷径

ほぼすべてのコーチング関係の書籍に書かれていることです。

「成長するために最も効果が高いのは……」

「その道を極めるための一番の近道は……」

「最も効率よくレベルアップをするために必要なのは……」

なんだと思いますか？　さまざまな考えがありえますが，答えは「師」です。師匠です。読書，練習，イメージ，セミナー参加などすべて大事なのですが，直接だれかから教えを乞うというのが，最も力のつく方法のようです。

「先生，教えてください」

「先生，教えてください」

たったこの一言です。たった一言で，教師人生が一変します。

この言葉を発したとたん，その時点で大きな一歩を踏み出したことになります。成長に向けて発車した状態ですので，少しの努力は必要かもしれませんが，その先に待っているのが子どもの笑顔，子どもの達成感，保護者からの感謝だと思うと元気が出てくるはずです。

憧れる先生

自分が憧れる先生を見つけましょう。

どんな先生でもいいわけではありません。「この人から教わりたい」とウキウキするような先生と出会う必要があります。

まずは勤務校から探します。必ず1人や2人，素晴らしい先生がいるはず

勇気を出して言ってみると，必ず聴いてくれるはずです

です。授業が素晴らしい先生は学級経営も素晴らしいです。まずはそういう先生に「教えてください」です。授業を見せてもらったり，見てもらったりできます。最高の研修です。

　次に，おすすめしたいのが他校の先生から教わる方法です。セミナーや学校公開に行って素晴らしい先生と出会ったらチャンスです。

「教えてください」

　素晴らしい先生はたいていの場合，勉強会を主宰しているのでそこに参加させてもらうのです。

　遠くで会いに行けない先生には，手紙（返信用はがきと切手を入れて），メールで連絡します。「教えてください」

　これは最もハードルが高いですが，最も成長できます。

　一流の先生ほど，その意気込みをわかってくれるからです。必ず返信が来ます。そして先生の悩みや夢をしっかりと聴いてくれるはずです。

　憧れの先生を見つけ「教えてください」。これが最も成長への近道です。

ここがポイント！
- □ 憧れの先生と出会ったら「教えてください」
- □ 迷わず勇気を出して「先生，教えてください」
- □ 遠くて会えないときは，手紙かメールで「教えてください」

47

よいコミュニケーションは
こちらから仕掛ける「ホメホメ作戦」

だれでもほめられればうれしくなります。相手のよいところを見つけたら 躊躇
せずに即実行です！

■ 人のよいところを見つけ，ほめる習慣を身に付けよう

同僚でも，子どもでも，保護者でも，家族でも，だれに対してでも相手の
よいところを見つけ，それをきちんと言葉にして伝えましょう。

よいコミュニケーションは自分から仕掛けるものです。待っていてはもっ
たいないです。

「自分は口下手だから」「人見知りしちゃうから」「いきなりほめたりして，
変に思われたらいやだから」……。

自分の性格を勝手に決めつけないでください(笑)。可能性は無限です(笑)。

1秒の勇気です。「あ，ここでほめるんだ」と思った瞬間にスパッと一言
ほめるだけです。

■ ほめるためのネタ集めと感受性のアンテナ

では，どんなことをどのようにほめるのでしょうか？

ほめる前にほめるための材料，ネタを集めます。

相手のよいところを見つけようとするアンテナを立てるだけです。

■ ほめる具体例

同僚に

「素晴らしい授業でしたね。とってもわかりやすかったです」

「この指導案すごく魅力的ですね。どうしてこんな素晴らしい考えが浮か
ぶんですか？」

「先生，指示の仕方上手だね。端的で聴きやすいよ」

すばらしい！！

ほめることはよい人間関係づくりのきっかけになります

「え〜，そのTシャツかわいい（・∀・）!!」

子どもに

「字きれいだね〜」

「説明うまいわ〜。特に〜のところがいいね」

「よくがんばったねぇ。感心するわぁ」

「めちゃくちゃおもしろいね，それ」

「いい笑顔だな！　人生楽しいだろう！」

　このように，相手がしたこと，相手が書いたこと，相手ががんばったこと，相手が身に付けているもの，相手の雰囲気でよいところを見つけ，それを伝えるのです。

　そうすることによって相手はうれしくなります。自分に対して好意を感じます。素敵な関係づくりのきっかけになります。特に先生方に関しては，同僚との関係はとても気になるところです。普段から相手のよいところをほめる習慣が身に付いていると，いざというときに周りの先生方が助けてくれます。

ここがポイント！

□ 相手のよいところを見つけるアンテナをはろう

□ ピンときたら，そのまま言葉にしてほめる

□ よい関係を築くことで困ったときに助けてもらえる

基礎・基本

授業

行動

思考

笑顔

心に届く

先生

保護者

48 嫌味や悪口をサッとかわす 「逃げるが勝ち」と「前向きオーラ」

> 余計なことで悩み時間を使うのはもったいない！　自分が何に一番時間を使いたいのか考えてみましょう。

■ 子どもの悪口，自分への嫌味を言う同僚に対して

職場によっては不運なことに，次のような先生がいます。

マイナスオーラ全開のコミュニケーション。

子どもの悪口を言いまくる。

同僚の噂話が大好き。

大変悲しい現実ですが，実際にいるはずです。

この本を読まれている先生方は身銭を切って学ばれる志の高い先生なので，もちろんかかわりたくないと思います。しかし，相手のマシンガントークは止みません。目が合うと，ダダダダーッときます。

このような同僚に対してどうしたらいいか2通りのワザを紹介します。

■ サッとかわし逃げる

1つめは平穏なワザです。

相手の発言に対して無視はできないと思います。ましてや，席が隣あるいは向かいの場合は逃げ場がありません。

その場合「そうなんですねぇ」「なるほど」と1分ほど受け止めます。

そして，最後に「お疲れ様ですねぇ，本当に。あ，ちょっと失礼します」と移動します。さすがに後を追われることはないでしょう。別室で仕事を続けます。

これが波風を立てない方法です。

波風を立てないのも
一つの手です

一撃必殺

　2つめは，嫌われないという次元を超えたレベルです。

　はっきりと言います。

　「すみません，言いづらいんですけど，子どもの悪口は聞きたくありません。ちょっと勘弁してください」

　「○○先生のことを悪く言うのはやめていただけませんか？」

　こう言う前に，管理職や他の同僚に相談しておくことをおすすめしますが，時と場合によっては年齢や教員歴関係なく言うべきことは言ってもよいと考えます。

相手を変えることに執着しない

　最も肝心なのは，相手を変えることにエネルギーを使わないことです。

　相手は変わりません。時間と労力の無駄になってしまいます。

　それよりも，自分の好きな授業実践，学級活動などの取り組みにエネルギーを向けた方がはるかによいです。

　自分が前向きなオーラを心がけていれば，類は友を呼ぶので周りにはそういった先生方が集まるようになります。安心してください。

□　悪口は，まずはサッとかわし，なるべくかかわらないように
□　相手を変えるよりも自分のことに時間と労力をかけよう

49 自信をつける一番のおまじない 「チャレンジしよう」

自信は待っていては生まれません。ちょっとドキドキするけど自分から挑戦することで自信は生まれるのです。

■ 自信とは？

研究授業。

授業や学級に自信がある先生がやるものなのでしょうか。

授業や学級に対する自信をつけるためにやるものなのでしょうか。

私は後者です。

研究授業の授業者を決めるときの「ち〜ん」とした雰囲気。

特に校内研で多いのではないでしょうか。

「自信がない」

「人に見せるほどの授業などできない」

よくわかります。

「自信ができてからやりたい」

「もうちょっとちゃんとできるようになってから挑戦する」

よくわかります。

ただ，一つ大事なのは，自信ができるのを待っているだけでは，いつまでたっても自信は生まれないということです。

自信がなくてもチャレンジし続けるからこそ，自信は生まれてきます。

そもそも自信とは何でしょうか。

私は子どもの変化と成長だと考えます。

斎藤喜博先生の言うところの子どもの事実です。向山洋一先生の言うところの，腹の底からの手ごたえを感じるほどの子どもの変化です。

思い切って挑戦すること
が自信がつく第一歩です

自信のつけ方

ではどうしたら自信がつくのか。その近道を紹介します。

・サークルや勉強会に参加する。

・校内で授業の上手な先生の授業を毎日見に行く。

・本を読んで実践する。

・研究授業に立候補する。

・本を読んで知った先生に手紙を書き，会いに行く。

「チャレンジしよう！」誰が？子ども？それとも自分？

よく子どもには「挑戦しなさい」「チャレンジすることが大事」と言っている先生が，自分は年に1回も研究授業をしないというのはよく見聞きする話ですね。

挑戦している先生には，そのオーラがあります。その見えないオーラが子どもにパワーを与えます。チャレンジしている先生ほど，子どもの自信のなさに共感できます。

まずは思い切って先生から挑戦することで，自信を大きなものにしていくことが大事です。

ここが
ポイント
！

☐ 勉強すればするほど自信はつく
☐ 挑戦している先生のオーラは子どもに伝わる

115

♥50 保護者の気持ちを受け止め共感するのに必要な「傾聴スキル」

保護者が安心して話すためには，行き当たりばったりな会話も教師が話しすぎるのもNG。まずは聴くことが大切です。

■ A先生の個人面談〜行き当たりばったり。たまに沈黙〜

A先生「こんにちは」　保護者「こんにちは」

A先生「どうぞ，おかけください」　保護者「はい」

A先生「今日はお忙しいところありがとうございます」

保護者「あ，はい」

A先生「○○くんは，学習面でも生活面でもがんばっていますよ」

保護者「そうですか」

（沈黙）

A先生「○○くんのことで，何かお困りのことや気になる点はありますか？」

保護者「宿題を自分からやらないんですよね」

A先生「遊びに行ってしまう感じですか？」　保護者「そうですね」

A先生「宿題は家庭学習の習慣を身に付けるうえで大切ですので，気が進まなくてもやるべきなんですけどね」　保護者「そうですよねぇ」

A先生「えぇ」

（沈黙）

■ B先生の個人面談〜用意バッチリゆえの話しまくり〜

B先生「事前にアンケートにお答えいただきましたので，これにそってお答えしますね」　保護者「はい，お願いします」

B先生「まず学習面からお伝えしますね。算数では2学期から学習が始まった繰り下がりの引き算が，最初のうちは少し苦手意識があったようなのですが……（テストの結果や授業での指導内容を解説。それに加えて学習内

行き当たりばったりで
話が途切れてしまうこ
と……ありませんか？

容を定着させることの目的や意義も強調。他の児童の様子と比べながらお
子さんの実態を説明)」　保護者「あぁ，そうなんですね」
B先生「次に，生活面で書かれていた，友達関係に関してですね。休み時間
　は主に仲のいい△△くんや□□くんたちと遊んでいます。当番活動の際に
　は……（詳細な記録をもとに，休み時間の様子以外にも，当番や係活動，
　給食指導，清掃指導の時間での友達とのかかわりを解説)」
保護者「そうなんですね。ありがとうございます」

共通する改善点は「傾聴すること」

　A先生，B先生ともに傾聴していません。
　これでは保護者が安心して話すことができません。
　保護者が先生に話すたびに，話題がブツッと切れてしまうのです。
　B先生は準備をしっかりとしているのですが，保護者の心に響いているか
どうかというと疑問です。熱心でやる気のある先生なのですが，保護者の気
持ちを受け止め共感するという姿勢が欠けていると言えます。
　事前アンケートについては，127頁で紹介します。

ここが
ポイント
！

□ 保護者の気持ちを傾聴し受け止め共感する姿勢が大事
□ 事前アンケートを取ることで相手のニーズがわかり有意義な面
　談になる

51

教師を信頼して思わず保護者が話したくなる「リフレクティブ・リスニング」

いわゆる「オウム返し」。これで，保護者は先生が聴いてくれている，と感じることができます。

■ C先生の個人面談〜保護者のニーズを把握したうえで最後に問いかけ〜

C先生「事前のアンケートにお答えいただき，ありがとうございます。学習面と生活面の両方を書いていただいたのですが，お母様にとってより重要度が高いといいますか気になる方はどちらでしょうか？」

保護者「学習面ですかね」

C先生「学習面なんですね。宿題を自分から進んでしないということなのですが，具体的にはどのような様子なのかもう少し詳しくお話しいただいてもよろしいでしょうか」

保護者「何しろ，遊びが好きでですね。帰ったらすぐにランドセルを置いて，遊びに行ってしまうんですよね」

C先生「遊びが好きなんですね。それで帰宅後すぐに，遊びに行ってしまう」

（……中略……）

C先生「そうですか。でも，きつく叱りたくもなりますよね。お気持ちお察ししますよ。要するにお母様として，理想的にはどういうふうになってほしいんでしょうかね？」

保護者「そうですねぇ（理想を語る）」

C先生「そうですよね。そうなればお母様も安心してほっとするわけですね。では，今おっしゃったような理想的な形，つまり○○くんが夕飯までに宿題をすませるようになるためには，お母様が工夫，あるいは応援または改善できることはどんなことがあるでしょうかね？」

座席の向きは，正面を向き合うよりも少し斜めにした方が圧迫感が軽減され話しやすくなります

■ オウム返しでニーズを把握してから相手に解決策を考えさせる

「帰ってきてすぐに，宿題してほしいんですけど，やらないんですよね」

「なるほど，帰宅してすぐに宿題をしないわけですね」

　たったこれだけで，信頼関係を築くことができ，相手の安心感や自尊感情を高めることができます。相手はどんどん話すようになります。

　C先生は保護者が語ったことを，ほぼそっくりそのまま繰り返しています。これをリフレクティブ・リスニングと言います。オウム返しです。

　あまりしつこく繰り返すと，くどくなってしまいますが，話し手は安心して会話ができます。安心すると，本音が言えます。オウム返しされることで，思考が活性化し，話がはずみます。

　また，C先生は答えをなかなか言いません。オウム返しを続け，最後に一回問いかけるだけです。保護者のニーズを詳しく，深く掘り下げて，最後に一発核心を突く問いを投げかけるのです。

　オウム返しされて，ノリノリになっている保護者は，自分の最も解消したい問題について聞かれ，思考が最も活性化します。傾聴されてリラックスできているので，保護者の頭の中にはいいアイデアがたくさんおりてきます。

□ リフレクティブ・リスニング（オウム返し）で保護者のニーズを引き出す

52

「指摘ばかり」も「ほめるばかり」も ダブル NG の個人面談

指摘ばかりが NG なのはわかるけど……。たくさんほめられれば，　見保護者も心地よいようですが，ほめるばかりも NG なのです。

■ 事例１　指摘するばかりの教師

先　生「少しお伝えしづらいのですがたくさんの課題があります」

保護者「はい」

先　生「まず提出物ですね。今学期中，Ａくんは期日内に提出したことがないんですよね」

保護者「はい。すみません」

先　生「まずは提出物だけはしっかりと持たせてください。学年だより，学級通信をご確認ください。そして２つめ，友達関係のことなのですが……」

保護者「はぁ。そうですか。すみません」

先　生「時間がありませんので最後に１つだけお話しさせてください。授業中，席に着くようにはなったのですが……」

■ 保護者の信頼が得られない

先生の指摘が多いですよね。

これでは保護者は落ち込んでしまうか，お子さんに対して怒りが増してしまうか，先生に対する信頼感が下がってしまうでしょう。

「たいへんなときに助けてくれるかどうか」が信頼されるかどうかの基準です。一方的に指摘ばかりしてくる先生には，心は開けません。

■ 事例２　ほめる・受け止めるばかりの教師

先　生「Ａくん，がんばってますよ～。１学期と比べて漢字の学習，計算の学習に取り組むようになりました」

提出物がなかなか
確認できなくて……

まだ２年生ですからね

一見保護者にとっては心地よいかもしれませんが……

保護者「そうですか。ありがとうございます。ただ，先生，提出物はどうで
　　　すか？　あの子，紙をくしゃくしゃにして入れてきたり，持って帰ってき
　　　てくれなかったりするので，なかなか確認できなくて」
先　生「えぇ，そうですね，私も声をかけているんですけどね。本人も気を
　　　付けるように努力してますので。でも，まだ２年生ですからね。なかなか
　　　身の回りのものをきちっとするのは難しいところはありますよ」
保護者「そうですかぁ」

問題が解決されないまま

　一方，事例２の先生は指摘していません。一見保護者にとっては心地よい
ように見えるかもしれません。しかし，保護者も実は事実をきちんと指摘し
てほしいと願っています。これは私が日本で教師をしていた時代に，保護者
のみなさんと食事をしていたときに出た本音なので確かです。
　また，先生としても，本当は指摘したいことがあるのに，我慢している状
態です。我慢している状態では心から相手の言うことに耳を傾けることはで
きません。何よりも，提出物の問題は何も解決されないままです。

ここが
ポイント
！

　　□　保護者も事実を指摘してほしいと願っている

基礎・基本

授業

行動

思考

笑顔

心に届く

先生

保護者

最初と最後にほめることで，保護者の心にスッと入ることができます。

■ 事例3　ほめて・受け止めて・指摘して・最後にまたほめる

先　生「うれしいですよねぇ。ちゃんと授業中，座って学習していますから」

保護者「えぇ。まだまだ課題ばかりですけど」

先　生「いえいえ，授業中に座って学習に取り組めるようになったのは，本当にすごいことです。この間も自分から漢字ドリルを出して書き取りしていましたよ。１学期と比べたらすごい成長ですよね」

保護者「えぇまぁ，すみません。ありがとうございます」

先　生「このままいい状態が続くよう，引き続き声をかけていきますのでご安心ください。それでですね，Ａくんとってもがんばっているんですけど，一点だけお伝えしたいことがありましてですね」

保護者「はい」

先　生「学習はすごくよくなったんですけど，提出物がですね，なかなか期日までに出せていないときがありまして」

保護者「本当にすみません」

先　生「いえいえ。本当に彼なりにがんばっているのでそこは認めていきたいのですが，私もプリント類は一緒に紙を折りたたんだり，注意して声かけしたりしていきますので，ぜひご一緒に協力できたらなと思っています」

保護者「ありがとうございます。本当にご迷惑をおかけしてすみません」

先　生「いいえ，どういたしまして。でも，本当にＡくんにはいい変化が起きており，うれしいですよね。小さな成功をどんどん積み上げていってますから，お家でもほめてあげてくださいね」

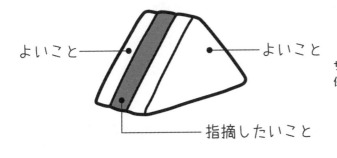

よいこと ← → よいこと

サンドイッチ方式は
保護者の心に届きます

指摘したいこと

信頼を得られるサンドイッチ方式

　どうしても，指摘したいことがあったら，

よいこと ＋ 指摘したいこと ＋ よいこと

というように，よいこととよいことの間に，指摘したいことを挟むサンドイッチ状態にして伝えます。そうすると，いったんほめられて心が開いている状態なのでスッと届きます。しかも，最後にまたほめられると，先生に対する信頼は高まっているので余計に心に残ります。

応援メッセージと温かい言い方

　実はこの会話の端々に，保護者が安心できる「応援しているよ」メッセージがちりばめられています。もう一度読んで探してみてください。

　「うれしいですよねぇ」「ご安心ください」「引き続き声をかけていきます」「一緒に」「協力」などの言葉がそれです。「一人ではありませんよ。学校では私がしっかり見ていますからね。安心してくださいね」という思いが伝わっていくはずです。

　正しいことを並べるだけでは保護者の心に届きません。まずはほめたり，受け止めたりして安心してもらうことが先決です。人間関係ができてから，サンドイッチ方式で指摘したいことを届けるのです。

ここがポイント！

□ 指摘したいことは，よいこととよいことの間に挟む

基礎・基本

授業

行動

思考

笑顔

心に届く

先生

保護者

123

54

保護者にサッと提案できる「知識のストック」

保護者が悩んでいるとき，質問されたときにサッと根拠のある事実を示すことができれば，保護者も安心します。

■ 自分を責めてしまう保護者に～自責と他責の話～

個人面談で，あるいは教育相談において，自分を責めてしまう保護者の方がいますよね。

そんなときは，コーチングの勉強会で教わったことを伝えます。

「自責と他責という言葉をご存知ですか？　自分の責任が50％。相手や環境の責任が50％という意味です。場合によって多少の増減はあるかもしれませんが，基本的にはどちらかだけの責任というのはありえないそうですよ。なので，お母さんだけのせいじゃありませんよ。裏を返せばお子さんのせいだけでもないわけです。ですから，だれだれのせいというように，責任探しするのではなく，どうしたらこれからよくなっていくかを一緒に考えましょう」

もう一つ，ある研究の事実を示します。

「ある研究によると，子どもの育ちに影響を与えるのは，環境5割，遺伝4割，母親の育て方1割だそうです。1割なので決して小さくはないですが，それよりも変えていける環境を改善したり，学校と家庭でできることを一緒に考えて実践したりする方がいいと私は考えています。いかがでしょうか」

■ 科学的な根拠を示す

科学的な研究の結果を示すと保護者は安心することがあります。

特別支援に関する教育相談でもそうです。

たとえば，ある研究によると「小学校5年生までの学力が身に付いていれば，日本社会ではたいていの仕事をこなすことができる」そうです。

必要なとき保護者に示せるよう，日頃から知識を蓄えておくことが大切です

　そうなると，義務教育修了までに5年生までの学力は徹底するように，保護者と共通の目標ができます。

　あるいは特別支援学校，発達に関する専門家（病院，クリニック，大学）に関する知識をもっておくことはとても大事です。

　ある特別支援の高校では，他の全日制と比べると偏差値としては低いのですが，卒業までにPCのブラインドタッチ，有名カフェでの接客，ビルの清掃，食品加工の基本的なスキルを身に付けるなど，はたらくためのスキルの習得に力を入れているところがあります。

　発達検査，療育など特別支援に関する専門機関でおすすめの場所を知っておくことで，保護者に質問されたときにスッと提案することができます。

ここがポイント！

☐　研究結果，データ，特別支援に関する知識を知っておくと非常に有効

55

「よいことのジャブ」と「事前アンケート」で保護者との関係づくり

> 子どもの様子の共有と保護者のニーズの把握で，保護者は一気に協力的になってくれます。

個人面談や家庭訪問までに子どもの事実を伝える

個人面談や家庭訪問までに，一人一人の子どもの学習，生活に関する写真や映像を撮っておきます。座席表を使って子どものよさをメモしておきます（86頁に詳述）。それを小出しに連絡帳や電話を通して保護者に伝えます。ボクシングで言うとジャブです。

子どもの事実は家庭訪問でも生かせる

いざ当日。子どもの写真や映像があると，話が盛り上がります。子どもの成長について，具体的に，リアルに，わかりやすく説明することができます。

事実に加えて，どんな指導をしてきてこうなったのか，実態を踏まえこれからどのように指導していくか，そんなことが説明できればなお最高だと思います。

保護者から，お子さんに対する肯定的な発言を受けたあとは，

「そうなんです。お母さんがおっしゃったように学校でも成長しているんですよ。たとえば，この映像は先日の遠足のときのものなんですが〜（あるいは，この前の算数の授業での一コマなのですが……）」と説明します。

お子さんに対する否定的な発言を受けたあとは，

「ご自宅では，〜なんですね。でも，学校ではですね，実際にはかなり友達と順調にやっていますよ（あるいは，上手に音読できていますよ。など）」と言って授業や休み時間などの映像，画像を見せます。

子どもの事実を示されることで，保護者は安心します。納得します。同時に教師の姿勢を示すことができ，信頼関係，協力関係はより強くなります。

お子さんのお名前（　　　　　　　　　　　　　　）

学習面

_____

_____

生活面

_____

_____

その他

_____

_____

事前に，学級通信の下に左のようなアンケート用紙をのせて回収。面談前日に目を通し，メモを書き込んでおくと保護者のニーズが把握でき，面談の時間を有効に使うことができます

■ 事前アンケート

　保護者会でアンケート調査をします。Ａ４用紙半分か３分の１で十分です。

　「お子さんのことで困っていること。改善してほしいこと。ここを伸ばしてほしいことなどを記入してください」

という説明書きで，生活面，学習面の２つの空欄を用意しておきます。

　これを回収して熟読（暗記するくらい）します。これが保護者一人一人のニーズだからです。これを頭に入れて毎日，指導していくのです。

　そして，座席表に適宜メモし，それを連絡帳や電話で連絡するのです。

　保護者は自分のニーズが満たされるので，喜んでくれます。こうやって関係づくりをしていくことで，先生の教育活動にどんどん協力してくれるようになります。自分のやりたい実践を円滑に行っていくための，布石づくりでもあるのです。

ここがポイント！

☐ 保護者会でアンケートを行い，ニーズを把握
☐ アンケートを頭に入れて一人一人の変化を座席表に記入

【著者紹介】

西野　宏明（にしの　ひろあき）

東京都の公立小学校で9年間勤務。
JICA青年海外協力隊員として2年間，南米パラグアイの私立ニホンガッコウへ派遣。2019年4月よりニホンガッコウの教育コンサルタント（教育顧問）として勤務し，副学長である上院議員とともに学校の教育改善に当たる。明治図書より3冊の単著『子どもがパッと集中する授業のワザ74』『子どもがサッと動く統率のワザ68』『熱中授業をつくる打率10割の型とシカケ―そのまま追試できる「大造じいさんとガン」』を出版。明治図書，日本標準，学陽書房，金子書房の教育雑誌において多数執筆。日本の教師時代にはセミナー，研究会，サークルを主宰。

本文イラスト　木村美穂

学級経営サポートBOOKS

新任3年目までに必ず身に付けたい！
子どもの心をグッとつかむ言葉のワザ55

2021年2月初版第1刷刊　©著　者	西　野　宏　明	
発行者	藤　原　光　政	
発行所	明治図書出版株式会社	

http://www.meijitosho.co.jp
（企画）木村　悠　（校正）西浦実夏
〒114-0023　東京都北区滝野川7-46-1
振替00160-5-151318　電話03（5907）6703
ご注文窓口　電話03（5907）6668

＊検印省略　　　組版所　株式会社カシヨ

Printed in Japan　　　　ISBN978-4-18-165919-6
もれなくクーポンがもらえる！読者アンケートはこちらから→